집중력을 키워주는 수학동화

플라톤 삼각형의 비밀

글쓴이 김성수
남해의 아주 작은 섬에서 자라 나룻배를 타고 초등학교와 중학교를 다닌 선생님은 목포교육대학을 졸업했습니다. 오랫동안 초등학교에서 학생들을 가르치면서 수학 문제를 풀면서 원리나 규칙을 찾았을 때 기뻐하는 모습을 보고 수학 동화를 쓰게 되었습니다. 이렇게 쓴 수학 동화로는 《피타고라스 구출작전》《탈레스 박사와 수학영재들의 미로게임》이 있습니다.

그린이 최영란
충남 예산에서 태어나 단국대학교 서양화과를 졸업했습니다. 어릴 적부터 그림을 그리는 것을 무척 좋아한 선생님은 지금까지도 그림을 그리고 있습니다. 그린 책으로는 《피타고라스 구출작전》《걸리버 여행기》《알리바바와 40인의 도적》《파랑새》 등이 있습니다. 홈페이지 주소는 www.illustyoung.com입니다.

지식과 정보가 있는 북오디세이
플라톤 삼각형의 비밀

1판 1쇄 발행 | 2008. 5. 2.
1판 25쇄 발행 | 2022. 11. 1.

김성수 글 | 최영란 그림

발행처 김영사 | **발행인** 고세규
등록번호 제 406-2003-036호
등록일자 1979. 5. 17.
주소 경기도 파주시 문발로 197(우10881)
전화 마케팅부 031-955-3100 | 편집부 031-955-3113~20 | 팩스 031-955-3111

ⓒ 2008 김성수 최영란
이 책의 저작권은 저자에게 있습니다.
저자와 출판사의 허락 없이 내용의 일부를 인용하거나 발췌하는 것을 금합니다.

값은 표지에 있습니다.
ISBN 978-89-349-2846-1 73410

좋은 독자가 좋은 책을 만듭니다. 김영사는 독자 여러분의 의견에 항상 귀 기울이고 있습니다.
전자우편 book@gimmyoung.com | 홈페이지 www.gimmyoungjr.com

어린이제품 안전특별법에 의한 표시사항
제품명 도서 **제조년월일** 2022년 11월 1일 **제조사명** 김영사 **주소** 10881 경기도 파주시 문발로 197
전화번호 031-955-3100 **제조국명** 대한민국 ⚠**주의** 책 모서리에 찍히거나 책장에 베이지 않게 조심하세요.

집중력을 키워주는 수학동화

플라톤 삼각형의 비밀

김성수 글 | 최영란 그림

주니어김영사

삼각형에 숨어 있는
원리를 찾아라

 이 책을 읽는 여러분 중에 삼각형을 모르는 사람은 없겠지요? 초등학교 1학년 때 배우는 도형 중에서 가장 기본이 되니까요. 하지만 삼각형에 숨어 있는 원리나 이치는 우리가 상상할 수 없을 만큼 많고 신비해요. 그래서 고등학교와 대학교에서도 이런 원리나 이치를 공부하지요. 그것을 '기하학'이라 한답니다.

 이 책의 두 주인공은 게임기를 만지다가 어디론가 사라져버린 친구를 찾아 "TMT"라는 타임머신을 탑니다. 도착한 곳은 기원전 4세기 플라톤의 아카데미입니다. 주인공들은 정문에 걸려 있는 기하학 문제를 풀고 아카데미로 들어가지요. 그곳에서 우연히 플라톤이 남긴 비밀을 발견하게 됩니다.

 마침내 주인공들은 삼각형에 숨어 있는 암호와 비밀을 풀고 알렉산드로스의 보물 창고에 도착합니다. 하지만 다른 일당에게 보물을 빼앗겨 버리고, 알렉산드로스가 보물을 보호하기 위해 만들어 놓은 덫에 걸려들고 맙니다. 보물이 있는 대리석 방에 갇힌 것이지요. 숨 쉴 공기는 점점 모자라 힘들게 되지만 빠져 나갈 방법은 찾지 못합니다.

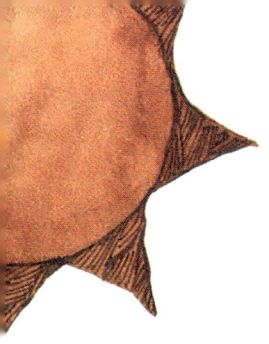

　자, 주인공들은 그곳을 빠져나갈 수 있을까요? 어떻게 문제를 해결할까요?

　여러분은 이 책을 읽는 동안 주인공들과 삼각형에 숨겨진 이치나 원리에 빠져들 겁니다. 철학자이면서 수학자인 플라톤에 대해서도 알게 될 거예요.

　자, 이제 책 속으로 여행을 떠나 볼까요? 책을 읽은 뒤라도 틈틈이 자신만의 암호도 만들어 보고, 자와 컴퍼스로 여러 도형도 그려 보세요. 그러는 동안 생각하는 힘이 쑥쑥 자랄 것입니다.

　이 책이 나오기까지 애써 준 주니어김영사 여러분과 황혜연, 최은성, 박지현 선생님에게 감사하며, 마지막 제자가 될 율곡초등학교 4학년 6반 어린이들과 기쁨을 함께하고 싶습니다.

　　　　　　　　　　　　　　　　　　　　　　　　김성수

차례

삼각형에 숨어 있는 원리를 찾아라

주철아, 깨어나! 9

삼각형에 숨은 규칙 22

TMT에 탑승하다 33

고대 그리스의 아카데미로 39

플라톤의 암호 51

방에 갇히다 63

깨어난 주철이 73

플라톤의 비밀문서 79

빼앗긴 귀환용 리모컨 86

점이 가리키는 곳은? 96

연구실의 비밀 104

삼각형의 방심이 뜻하는 것 109
철학자들의 남긴 보물 116
삼각형의 수심이 뜻하는 것 123
마케도니아를 향해 136
달걀의 황금비 144
삼각형의 비밀 열쇠 151
폐광으로 들어간 일행 160
삼각형의 외심이 뜻하는 것 166
삼각형의 마지막 비밀 181
알렉산드로스의 덫 200
다시 연구실로 214
플라톤의 생애와 업적

주철아, 깨어나!

"야호, 드디어 내일이다! 우리 몇 시에 출발할 거야?"

주철, 세민, 혜지는 방학 중 특기·적성 수업이 끝나고 집으로 돌아가고 있었다.

세민이가 잔뜩 들뜬 목소리로 물었다. 하지만 혜지는 어떻게 말해야 할지 망설였다.

'지난주에 엄마가 일주일만 기다리라고 했을 때도 세민이는 투덜댔는데……. 또 일주일이 연기되었다고 어떻게 말하지…….'

혜지는 입이 쉽게 떨어지지 않았다.

"설마 또 미루는 건 아니겠지?"

주철이가 의심스러운 얼굴로 한마디 했다.

"사실은 …… 미안해. 일주일만 더…….."

혜지는 죄지은 사람처럼 말끝을 흐리며 대답했다.

"뭐야! 또 일주일? 그럼 방학도 다 끝나고 말아!"

세민이가 버럭 화를 내자 혜지도 이에 질세라 맞받아쳤다.

"그럼 어쩌란 말야! 그게 그렇게 쉬운 줄 알아? TMT(티엠티) 연구 때문에 엄마는 밤샘에, 식사도 못 하시는데……"

혜지가 흥분하자, 주철이는 세민이에게 그만하라고 눈짓하고는 재빨리 둘러댔다.

"그래, 그럼. 어쩔 수 없지."

셋은 한동안 말없이 걷기만 했다. 세민이가 어색한 분위기를 깨려고 먼저 입을 열었다. TMT 대신 게임기 얘기라도 해야 속이 풀릴 것 같았다.

"홍주 자식! 게임기 하나 갖고 너무 으시대. 개그 프로그램 보고 있는데 게임한다고 확 버튼을 돌려 버리잖아."

"게임기라면서 TV 프로그램도 볼 수 있는 거야?"

주철이가 걸음을 멈추고 물었다.

"너 몰랐어? 새로 나온 건데. 컴퓨터, 텔레비전, 게임에 카메라 기능까지 다 있어."

"그래? 게임기가 얼마나 큰데?"

혜지가 묻자, 세민이는 게임기를 진짜 가지고 있는 것처럼 목소리를 높였다.

"아마 엽서 한 장 크기? 암튼 안 되는 게 없는 게임기야."

"엽서 한 장 크기라고? 울 엄마, 아빠 연구실에 있는 게임기랑 비슷한 크기인가 보네."

"그럼 홍주 거하고 같은 게임기였어?"

"아마 다를걸. 연구실에 있는 건 울 엄마, 아빠가 직접 만드신 거니까. 그리고 모양도 좀 특이해."

"이야, 엄청 궁금하다. 한번만 구경하면 안 될까? 응?"

"그래, 혜지야. 살짝 보기만 할게. 닳는 것도 아니잖아?"

주철이가 세민이를 거들었다.

혜지는 잠깐 머뭇거리다가 대답했다.

"좋아! 대신 연구실에서 얌전히 굴어야 해."

세 아이들은 첨단과학기술대학에 있는 혜지 부모님의 연구실로 향했다. 그런데 갑자기 하늘이 컴컴해지더니 굵은 빗방울이 떨어지기 시작했다.

"어, 갑자기 하늘이 왜 이래?"

아이들은 마음이 급해 걸음을 빨리했다.

아이들이 도착해 보니 연구실 문은 잠겨 있었다.

"혜지야, 네 부모님은?"

"엄마, 아빠 어제도 밤을 새셔서 오후 늦게야 나오실 거야."

혜지가 출입문에 붙은 잠금 장치에 비밀번호를 입력했다.

문이 열리자 세민이가 먼저 들어가며 말했다.

"뭐, 달라진 게 없는데?"

주철이도 둘러보았다. 지난번 그리스로 갈 때 보았던 모습과 같았다. 커다란 모니터를 갖춘 컴퓨터, 자동승강기처럼 생긴 TMT, 천장과 벽면에 달린 계기판들과 기계들이 중앙 컴퓨터로 연결되어 있었다. 다만 한 가지 달라진 것이 있다면 TMT 문이 열려 있었다.

"이것 봐. 게임기 맞지?"

혜지가 게임기를 내밀었다. 두 손 안에 쏙 들어오는 크기였다.

"와! 홍주 거와는 차원이 다른데? 이리 줘 봐."

세민이가 게임기의 전원을 켜자 화면이 밝아졌다. 세민이는 버튼 하나를 눌렀다. 아무런 변화가 없자 게임기의 버튼 네 개를 차례대로 눌렀다. 하지만 화면에는 변화가 없었다.

"에이! 고장났나 봐."

세민이가 실망한 표정을 지으며 게임기를 내려놓았다.

밖은 더욱 어두워진데다 번개까지 번쩍거렸다.

주철이는 혜지 부모님이 만든 것이라면 무엇인가 다를 거라는 생각이 들었다. 그래서 게임기를 들었다. 첫 번째 버튼을 눌렀다. 하지만 아무런 변화가 없었다. 다시 두 번째 버튼을 눌렀다. 그런데 순간 창 밖에서 번개가 번쩍하는 것이었다. 동시에 주철

이의 손에 짜릿한 느낌이 왔다.

"됐다, 됐어!"

주철이가 화면에 삼각형이 나타나자 소리쳤다. 그러자 세민이와 혜지가 놀라서 얼른 다가왔다.

"얘들아, 이것 봐! 삼각형이 몇 개인지 묻고 있어."

"삼각형은 모두 아홉 갠데. 에이, 그건 답이 아닐 거야. 문제가 너무 쉽잖아."

주철이의 말에 혜지가 눈을 깜빡이다가 말했다.

"그렇겠지. 이 문제는 셀 수 있는 삼각형은 모두 찾아내라는 것 같아. 근데 어떻게 개수를 세야 하지?"

주철이가 우물쭈물하자 세민이가 나섰다.

"36을 입력해 봐! 4×9=36이니까."

"그렇게나 많아?"

주철이는 놀란 표정으로 36을 입력했다. 하지만 정답이 아니었다.

"이 문제를 풀려면 규칙을 찾아내는 게 빠르겠어."

주철이가 공책에 삼각형을 그리기 시작했다.

그때 또 다시 번개가 번쩍했다. 뒤이은 우렛소리에 유리창이 세차게 흔들렸다.

"우와, 비 좀 봐! 이런 비는 처음이야!"

세민이가 창가로 뛰어가며 소리치자 혜지도 뒤따라 왔다. 장대비가 쏟아지고 있었다. 번개는 창 밖에서 계속 번쩍거렸고 우렛소리는 엄청났다. 그 소리에 창문이 깨질 것 같았다. 순식간에 운동장은 물바다가 되었다.

"이리 와 봐! 답 찾았어!"

주철이가 게임기에 '45'를 입력하고 엔터 버튼을 눌렀다. 그러자 번개가 번쩍하면서 주철이의 손에 아주 짜릿한 느낌을 주는 게 아닌가!

"어! 이게 뭐지?"

주철이가 고개를 갸웃하다가 눈을 휘둥그레 떴다.

"TMT 본체와 연결됐어!"

"우르르르 쾅!"

아주 강한 우렛소리에 연구실 창문 하나가 와장창 깨졌다. 그

리고 주철이는 외마디소리를 지르며 쓰러졌다. 주철이의 목소리는 우렛소리와 창문 깨지는 소리에 묻혀 버렸다.
 "주철아! 주철아!"
 혜지가 바닥에 쓰러진 주철이를 흔들어 깨웠지만 꿈쩍도 하지 않았다.

"혹시 벼락을 맞은 걸까?"

세민이의 말에, 혜지가 주철이 코에 귀를 갖다 댔다. 다행히 숨소리가 들렸다. 가슴에 손을 대어 보니 심장도 콩콩 뛰었다.

"주철아, 장난 그만치고 어서 일어나!"

혜지가 주철이를 흔들어 대며 깨웠지만 주철이는 깊은 잠에 빠진 것 같았다. 혜지는 다급히 전화기를 들었지만 먹통이었다. 수화기를 내렸다 다시 들었지만 역시 '삐' 신호음은 들리지 않았다.

"안 되겠다! 세민아, 넌 여기서 기다려! 내가 울 엄마 아빠를 모시고 올게."

"나도 갈 거야!"

"안 돼! 누군간 여기 있어야 할 거 아냐! 빨리 올게!"

혜지는 뒤도 돌아보지 않고 폭우 속으로 뛰어들었다. 번개와 우레는 그쳤지만, 바람은 세차게 불고 비는 계속 쏟아졌다.

"엄마!"

주차장으로 걸어가는 엄마를 보자 혜지가 소리쳤다.

"애 좀 봐! 비를 다 맞고. 무슨 일이야?"

"헉헉! 주철이가, 주철이가 쓰러졌어요!"

뒤따라오던 아빠도 혜지의 말에 놀라며 물었다.

"뭐! 주철이가? 왜?"

"연구실 게임기에 있는 문제를 풀다가……."

"뭐야! 핸드핼드 TMT에 손댔단 말이야?"

아빠는 급하게 차에 오르며 소리쳤다.

혜지는 연구실에서 일어난 일들을 자세히 설명했다. 그러자 엄마가 고개를 갸웃하며 말했다.

"이상하잖아요? 답을 입력하다가 쓰러졌다는 게."

"글쎄, 지금 상황으로 봐서는 핸드핼드 TMT가 작동한 것 같은데. 에이, 아닐 거야."

핸드핼드 TMT는 게임기처럼 언제 어디서나 TMT를 타고 여행할 수 있게 만들어진 단말기이다. 하지만 혜지의 아빠는 실험을 수없이 하여 TMT 본체와 연결시키는 데는 성공했지만, 여행자를 여행지로 떠나게 하는 데는 실패하고 말았다. 그래서 이제는 완전히 포기하고, TMT 본체의 프로그램을 압축하고 있었다. 그런데 주철이가 핸드핼드 TMT를 작동시키다가 기절한 것 같다니 이상한 일이었다.

엄마가 말을 이었다.

"우연히 작동됐다면 대단한 일이잖아요?"

이상하게도 혜지는 어둡기만 했던 엄마의 얼굴에서 어떤 생기가 도는 것을 느꼈다. 사뭇 들떠 보이기까지 했다. 하지만 아빠는 차분했다.

"우연? 당신은 지금도 핸드핼드 TMT가 작동할 수 있다고 생각하오?"

"그렇잖아요. 주철이가 기절한 것처럼 깊은 잠에 빠졌다는 게……."

"우연히 작동됐다고 해도 걱정이오."

"왜죠?"

"압축된 프로그램은 모두 닫혀 있고 '플라톤 아카데미'만 열려 있기 때문이오."

"뭐예요! 플라톤 아카데미만 압축이 안 됐다고요? 그렇다면 한시라도 빨리 가야 해요."

아빠는 전속력으로 차를 몰았지만 엄마는 여전히 재촉했다.

연구실 현관 앞에는 세민이가 나와 있었다. 혜지가 차에서 내리며 소리쳤다.

"세민아! 왜 그래?"

"주철이가 이상해!"

아빠가 연구실을 향해 앞장섰고, 모두 그 뒤를 따라 뛰었다.

주철이는 바닥에 누워 숨을 헐떡거리고 있었다. 옷이 땀에 흠뻑 젖어 있었다.

엄마가 아빠에게 물었다.

"애가 왜 이럴까요?"

"핸드핼드 TMT가 확실히 작동한 것 같아."

"그렇죠? 저길 봐요! 저 엄청난 전력. 도대체 어떻게 에너지를 얻은 걸까요?"

엄마가 천장에 붙어 있는 계기판을 가리켰다. 아빠가 TMT에 연결된 컴퓨터를 조작하며 두 아이들에게 물었다.

"주철이가 답을 입력했을 때, 혹시 번개가 쳤니?"

"네. 그때 운동장 쪽에서 번개가 쳤어요. 우레도 울렸고요."

그러자 엄마의 눈이 커졌다.

"그럼 번개에서 얻은 에너지란 말이에요?"

"확실해! 에너지가 필요했던 핸드핼드 TMT와 공기 중에 떠돌던 전기가 만난 거지."

"그렇다면 핸드핼드 TMT 작동은 전력이 문제였단 얘기네요. 이젠 간단하잖아요?"

"핸드핼드 TMT 문제는 해결됐다 해도, 주철이는 어떡하지?"

"프로그램을 압축해 봐요!"

"압축할 수 없어. 주철이가 어디에 있는지 알 수만 있다면 귀환하기는 쉬운데 말이야."

"틀림없이 플라톤의 아카데미에 있을 거예요."

"아카데민 아닌 것 같소. 저렇게 땀 흘리며 숨을 헐떡거리는 걸 보면."

알 수 없는 숫자와 문자들이 컴퓨터 화면에서 빠르게 지나갔다. 엄마가 빠르게 말을 이었다.

"압축할 수 없다면 주철이를 귀환시키는 데 시간이 얼마나 걸릴까요?"

아빠는 대답 대신 세민이와 혜지에게 말했다.

"너희들은 집에서 기다리렴. 상황이 좋아지면 전화하마."

세민이와 혜지는 어깨를 축 늘어뜨리고 가방을 주섬주섬 챙겨 연구실을 나왔다.

삼각형에 숨은 규칙

몰아치던 폭우가 멎고 따가운 햇볕이 내리쬐었다. 세민이와 혜지는 푸른 잔디밭을 가로질러 말없이 걸었다. 매미 울음소리가 조용한 교정에 메아리쳤다.

세민이가 먼저 말을 꺼냈다.

"주철이 깨어날 수 있을까?"

"난 엄마, 아빠를 믿어! 주철이 꼭 깨어날 거야."

혜지의 목소리가 조금 흔들렸다. 그러나 표정은 단호했다.

"그런데 걘 삼각형 규칙을 어떻게 찾아냈지?"

혜지가 소나무 그늘 아래에 있는 긴 의자에 앉으며 세민이를 물끄러미 봤다.

"삼각형의 개수를 적게 그려 규칙을 찾아보자!"
"아무래도 그게 낫겠지."
혜지가 공책에 삼각형을 하나 그린 뒤 셋으로 나눴다.

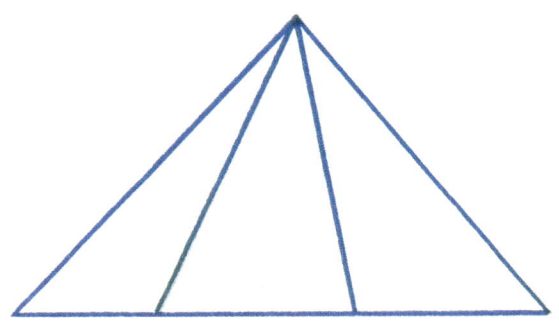

그러고는 "이 그림에서 삼각형 개수를 어떻게 세야 하지?" 하고 물었다.
"한 칸짜리 삼각형이 세 개, 두 칸을 합한 게 두 개, 세 칸 합한 게 한 개니까 모두 여섯 개 아니니?"
"맞아, 그렇게 세니까 쉽구나."
혜지는 공책에서 삼각형 그림이 그려진 페이지를 찢어 호주머니에 접어 넣었다. 그리고 둘은 각자의 집으로 터덜터덜 걸어 돌아갔다.

한 시간이나 지났는데도 연구실에서는 아무런 연락이 없었다. 혜지는 수화기를 몇 번이나 들었다 놓았다가 연구실로 향했다. 날씨가 더워 얼굴까지 화끈거리며 땀이 흘러내렸다. 혜지는 연구실 앞에서 발걸음을 멈췄다.

"혜지는 안 돼요!"

엄마의 화난 목소리가 들렸다.

"그럼 어떡하오? 당신이나 난 TMT가 탑승을 거부하는데."

"아무튼 우리 혜지는 절대 태울 수 없어요!"

"주철이 어머님 입장도 생각해 봐요! 놀라는 모습 못 봤소? 주철이가 언제 깨어날지 모른다면 그 심정이 어떻겠냐고!"

엄마와 아빠가 다투고 있었다. 혜지는 연구실에 들어가지 못하고 문 앞에서 그 소리를 들어야만 했다. 엄마가 말을 이었다.

"그 애도 잘못은 했어요. 핸드핼드 TMT에 손대지만 않았어도……."

"그걸 말이라고 하오? 핸드핼드 TMT가 주철이 때문에 성공하게 됐다고 당신이 더 좋아했잖소!"

엄마는 말이 없었다.

침묵을 깨고 아빠의 차분한 목소리가 들렸다.

"혜지와 세민이가 TMT를 타도 위험하지 않다는 것은 당신이 더 잘 알잖아. 귀환용 리모컨만 갖고 가면 언제든 돌아올 수 있으니까."

"그래도 싫어요. 프로그램 압축이 안 되는 지금 상황에선 말이에요."

엄마가 의자에서 벌떡 일어났다.

"전, 병원 들렀다 집으로 갈게요."

혜지는 얼른 자리를 피했다. 그리고 엄마가 힘없이 계단을 내려가는 모습을 보다가 연구실로 들어갔다. 그런데 주철이가 보이지 않았다.

"아빠! 주철이는요?"

"병원으로 옮겼다. 점점 좋아질 거다."

책상 위에는 볼펜 모양의 물건이 놓여 있었는데, 아주 작은 화면에 파랑, 노랑, 빨강 버튼이 달려 있었다.

"아빠, 이게 뭐예요?"

"귀환용 리모컨이란다. 주철이가 그것만 가져갔어도……. "

"어떻게 사용하는 거예요?"

아빠는 리모컨 사용법을 자세히 설명했다. 설명을 들은 혜지는 결연한 목소리로 말했다.

"아빠, 세민이랑 제가 갈게요."

"너, 엄마랑 하는 얘기 들었구나?"

"네, 죄송해요. 하지만 주철이를 위해서 가고 싶어요."

"엄마가 허락 안 할 거다."

"그게 걱정되긴 해요. 그런데 아빠, 어떻게 이런 일이 일어날 수 있어요?"

"핸드핼드 TMT는 여행자를 여행지로 보내는 역할을 한단다. 여행은 TMT 본체의 프로그램으로 하게 되고. 주철이 전에 이미 무의식화 상태 가능의 판정을 받은 적이 있기 때문에 TMT가 바로 여행지로 보내 버린 거야."*

"하지만 정신을 잃고 쓰러졌잖아요."

"TMT에서 가장 중요한 것은 여행자의 정신을 프로그램 속으로 보내는 일이다. 여기 있는 주철이는 정신이 빠져나가고 몸만 남아 있는 상태라고 생각하면 될 거야. 쉽게 말해 의식이 없는 상태라고나 할까."

아빠는 컴퓨터 화면에 스쳐 지나가는 숫자들을 속수무책으로 바라보고 있었다.

"그렇다면 주철이가 언제 깨어날지 알 수 없는 건가요?"

"그게 문제야. 프로그램이 압축된 상태라면 한 시간이면 충분한데 말이야."

주철이는 매우 심각한 상태였다. 혜지는 한숨을 내쉬었다.

"세민이와 제가 가려면 어떻게 해야 돼요?"

"TMT 본체를 통해 가야지. 핸드핼드 TMT는 손을 봐야 하니까."

혜지는 잠시 고민하더니 세민이에게 전화를 걸어 병원에서 만나기로 약속한 다음 연구실을 나왔다.

---

*주철, 세민, 혜지는 《피타고라스 구출작전》에서 TMT를 타고 고대 그리스를 여행한 적이 있다.

혜지는 세민이보다 먼저 병원에 도착했다. 병실 문이 조금 열려 있었다. 주철이의 엄마가 눈물을 흘리며 주철이 손을 잡고 있는 것이 보였다. 혜지는 안으로 들어가지 못하고 슬며시 나오고 말았다. 죄지은 것만 같았다. 어떻게든 엄마를 설득해야겠다는 마음이 더욱 굳어졌다.

"왜 안 들어가고 거기 있어?"

세민이가 풀이 죽은 채 다가왔다.

"너희들 왔니? 왜 들어오지 않고?"

주철이의 엄마는 애써 밝은 표정을 지었다. 주철이는 링거 주사를 맞은 채 평온하게 잠들어 있었다. 주철이의 엄마가 주철이의 얼굴을 어루만졌다.

"언제까지 이렇게 누워 있어야 하는 건지 모르겠구나."

"죄송해요. 전 게임기인 줄만 알고……."

"세민아, 네 잘못이 아냐. 우리 주철이가 워낙 호기심이 많아서 그런 거지."

"의사 선생님은 뭐라고 하세요?"

혜지가 기어드는 목소리로 물었다.

"글쎄다. 도무지 모르겠다고만 하시네. 특별히 이상한 점은 없다는데……."

주철이의 엄마가 말끝을 흐렸다.

"아빠 말씀이 오늘 저녁에라도 깨어날 수 있대요."

혜지는 지금이라도 출발하면 귀환용 리모컨으로 주철이를 데려올 자신이 있었다. 하지만 주철이의 엄마는 조금 지친 표정으로 혜지의 말을 귀담아 듣지 않았다.

"제발 그렇게 된다면 오죽이나 좋겠니. 너희들은 이렇게 멀쩡한데……. 휴!"

혜지와 세민이는 병실에 더 있을 수가 없었다. 함께 게임기를 만지다가 주철이만 정신을 잃고 입원까지 했으니 할 말이 없었다.

"저희는 갈 게요."

인사를 하고 병실을 나온 뒤, 세민이가 물었다.

"야, 혜지야! 주철이가 정말 깨어날 수 있대? 어떻게?"

"응. 근데 너랑 내가 TMT를 타고 가서 주철일 만나야 해."

"뭐어? 그, 그건 너무 위험……."

세민이가 깜짝 놀라며 한 발 뒤로 물러섰다.

"넌 주철이가 못 깨어나도 괜찮다는 거니?"

"그렇지만 어떻게……."

세민이는 겁에 질려 말을 잇지 못했다. 혜지는 세민이를 설득했다.

"지금 당장이라도 출발해야 해! 주철일 빨리 깨어나게 하려면."

"지, 지금? 지금은 아, 안 돼! 엄마께 말씀도 드려야 하고, 또 허락도 받아야……."

"좋아! 그럼 여섯 시까지 대학 정문으로 나와. 우린 귀환용 리모컨을 갖고 가니까 크게 걱정할 건 없어."

"뭐, 여섯 시? 엄마는 퇴근해서 일곱 시 넘어야 집에 오신단 말야."

"그럼, 여덟 시까지는 나올 수 있겠지?"

"그래, 그러지 뭐……."

세민이는 마지못해 대답은 했지만 불안했다. 그런 세민이를 위해 혜지가 귀환용 리모컨에 대해 자세히 설명했다. 그러나 세민이는 전혀 못 믿는 표정이었다.

세민이와 혜지는 공원에 있는 긴 의자에 앉아 잠시 숨을 돌렸다. 혜지가 갑자기 생각난 듯이 입을 열었다.

"참, 삼각형 개수를 어떻게 세는지 규칙은 생각해 봤니? 네 칸짜리 삼각형을 만들어서 한번 세어 보면 어떨까?"

"그게 좋겠다."

혜지가 바닥에 삼각형 하나를 그려서 네 칸으로 나눴다.

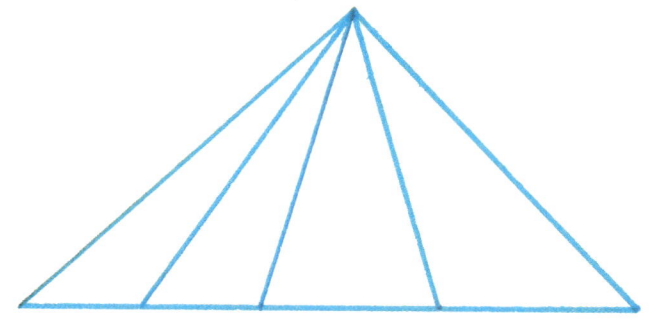

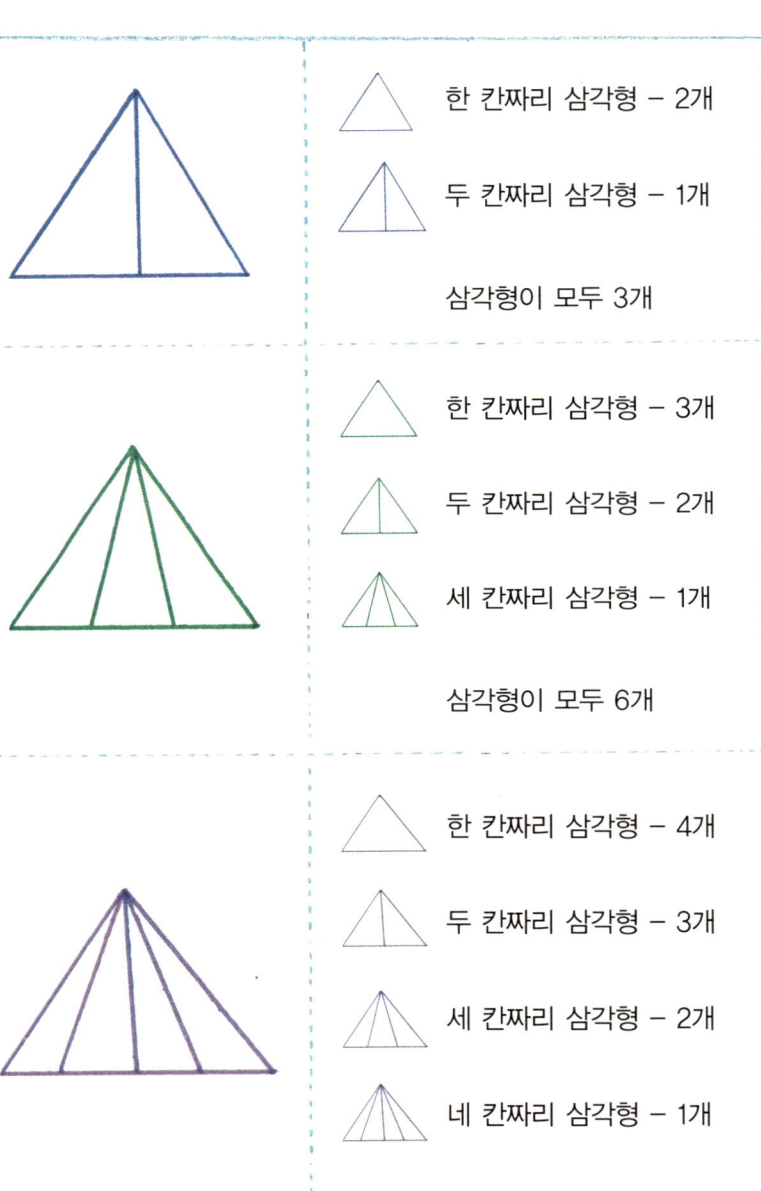

"이 삼각형에서는 어떻게 개수를 세야 하지?"

"한 칸짜리 삼각형이 네 개, 두 칸 합한 건 세 개, 세 칸 합한 게 두 개……."

"아, 그러네! 엄청 쉬운데!"

혜지가 소리치며 두 칸, 세 칸, 네 칸짜리 삼각형을 그려 놓고 세는 방법을 정리했다. 세민이가 혜지의 글을 따라 읽다가 물었다.

"두 칸짜리 삼각형은 2+1, 세 칸짜리는 3+2+1, 네 칸짜리는 4+3+2+1로 하면 모든 삼각형 개수가 나온단 말이지?"

"그래, 열 칸짜리는 1부터 10까지 더하면 돼. 복잡한 문제를 단순하게 해서 규칙을 찾을 수 있다고 했잖아?"

잠자코 듣고 있던 세민이가 네 칸짜리 사각형을 그려 놓고 물었다.

"이 사각형에도 그 규칙을 적용하면 사각형이 몇 개인지 바로 알 수 있겠는데?"

"어! 그러네. 한 칸짜리 사각형이 네 개, 두 칸 합한 게 세 개, 세 칸 합한 게 두 개, 네 칸 합한 게 한 개. 그래서 4+3+2+1하면 되네."

세민이가 여러 칸으로 된 사각형을 다시 그린 다음, 칸에다 차례대로 숫자를 써넣었다.

| 1 | 2 | 3 | 4 | 5 | 6 | 7 | 8 | 9 |

"아, 맞다! 칸의 개수를 셀 필요 없이 1부터 9까지 더하기만 하면 된단 말이지?"

혜지의 말에 세민이가 고개를 끄덕였다. 둘은 헤어질 시간이 되자 자리에서 일어섰다.

"난 이제 집에 가 봐야겠어."

"알았어. 여덟 시, 대학 정문에서 만나는 거 잊지 마!"

"그래, 알았어."

무거운 발걸음으로 걸어가는 세민이를 바라보다가 혜지는 서둘러 집으로 돌아갔다.

집에 들어섰지만 엄마는 없었다. 혜지는 연구실로 전화를 걸었다.

"어디 돌아다니지 말고 집에서 공부하고 있어."

엄마는 평소와는 목소리가 달랐다.

혜지는 주철이 얘길 꺼내려다 그만두었다. 지금 조르기보다는 아빠가 함께 있을 때 허락받는 편이 더 나을 것 같았다.

TMT에 탑승하다

대학 정문에서 한참을 기다려도 세민이는 나타나지 않았다.

혜지는 삼십 분이 지나자 더 기다리지 않고 세민이의 집으로 찾아갔다.

"미안, 엄마한테 허락을 받지 못했어."

"그럼 설득해야지. 문 좀 열어. 내가 말씀드려 볼게."

하지만 혜지의 말이 끝나기도 전에, 세민이는 집 안으로 쏙 들어가 버렸다.

'내가 믿었던 세민이가 이러다니.'

혜지는 앞이 캄캄했다. 눈물이 주르륵 흘러내렸다. 아마 주철이라면 망설이지 않고 친구를 구하러 갔을 것이다. 혜지는 하는 수 없이 혼자라도 주철이를 구해야겠다고 마음을 다잡았다.

"야, 고양이! 세민이 만나고 가냐?"

혜지가 어깨를 축 늘어뜨리고 걷고 있을 때였다.

뒤돌아보니 홍주가 어슬렁어슬렁 걸어오고 있었다. 혜지는 홍주가 가까이 다가오기를 기다렸다가 말을 걸었다.

"다 늦은 시간에 어디 가니?"

"내일 퀴즈 대회 때문에 연습하려고."

홍주는 퀴즈 문제집을 보였다.

"그럼, 안 되겠다."

"안 되다니, 뭐가?"

"TMT 타고 그리스에 가려던 참인데 넌 안 되겠다고."

"야, 정말? 부탁이다. 한 번만 태워 주라."

홍주는 여행가가 되는 게 꿈이라면서 TMT를 한 번만 타게 해 달라고 혜지에게 여러 번 졸랐었다.

"위험할 수도 있는데?"

"더 좋지 뭐. 여행은 고생도 하고 위험도 있어야 재밌는 거잖아."

"그럼, 퀴즈 연습은?"

"지금 그게 문제니? 내 꿈을 향한 첫 걸음인데. 혜지야, 제발 꼭 한 번만. 응?"

홍주가 간절하게 부탁했다.

"그럼 부모님께 허락 받고 와."

"엄마, 아빠는 가게에 계셔. 지금 당장 전화로 여쭤 볼게."

홍주가 부리나케 공중전화로 뛰어갔다. 홍주는 부모님에게 허락받기가 힘든지 꽤 길게 통화했다. 혜지는 마음이 다급했다. 이미 많이 늦은 데다 엄마의 허락도 받아야 했기 때문이다.

그런데 홍주가 활짝 웃어 보이며 혜지에게 다가왔다.

"됐어, 어서 가자. 아까 고양이라고 놀려서 미안."

혜지도 활짝 웃었다. 겁 많은 세민이보다 홍주가 더 도움이 될지 모를 일이었다. 홍주는 유머가 넘치는 친구였다. 늘 운동도 열심히 했고 성격도 밝았다. 혜지는 그런 홍주가 좋았다.

"우리 둘만 가는 거야? 주철인?"

뒤따라오던 홍주가 물었다.

혜지는 말이 쉽게 나오지 않았다. 어떻게 설명해야 할지 망설였다.

"왜 대답이 없어? 너희 삼총사 깨진 거니?"

"아냐. 주철이는 그리스로 먼저 출발했어. 근데 지금은 병원에 입원해 있어. 그래서 우리가 구출하러 가는 거지."

홍주가 눈을 동그랗게 떴다.

"뭐, 뭐라구! 그리스에 갔다면서 병원에 있단 소리는 또 뭐야? 어떻게 구출한다는 거야?"

혜지는 아빠에게 들었던 대로 설명했다.

"우리 몸은 이곳에 있고, 우리 정신만 프로그램 속에서 여행하는 거야. 우리는 주철이의 정신을 찾아가는 거지. 두려우면 그만둬!"

"프로그램 속에서 주철일 구출하는데 뭐가 무서워?"

홍주는 뜻밖에도 싱글벙글했다. 오히려 신나서 못 견디겠다는 표정이었다.

둘은 대학 정문 앞 횡단보도에서 신호등이 바뀌기를 기다렸다. 그때 정문에서 자동차 한 대가 나왔다. 혜지 아빠의 차였다.

"아빠! 어디 가시는 거예요?"

혜지가 차를 쫓아 뛰어가며 소리쳤다. 엄마, 아빠가 타고 있었지만 혜지의 목소리를 못 들었는지 그냥 지나가 버렸다.

'주철이한테 가시는 것 같은데…….'

혜지는 엄마의 반대가 심할 것 같아 걱정했지만, 차라리 잘됐다고 생각했다. 둘은 대학 안으로 들어섰다. 해는 이미 기울었고, 한낮의 더위도 한풀 꺾여 바람이 한층 시원했다.

혜지는 연구실 출입문에 비밀번호를 입력했다. 문이 열렸다. 혜지는 엄마, 아빠한테 죄송하다는 메모를 남긴 뒤 귀환용 리모컨을 손에 쥐었다.

"이게 TMT니? 대단한데! 근데 TMT가 무슨 뜻이야?"

"TMT는 타임머신 티칭(Time Machine Teaching)의 첫 글자를 딴 거야. 타임머신을 타고 여행하면서 공부도 할 수 있다는 뜻이지."

혜지가 컴퓨터의 전원 스위치를 켜고 비밀번호를 입력했다. 삼각형 문제도 거침없이 풀어냈다. 그러자 TMT에서 기계음이 흘러나왔다.

「여행할 곳은 플라톤의 아카데미뿐입니다. 계속하시겠습니까?」

혜지가 '예'를 선택하자 기계음이 이어졌다.

「접속자는 화면에 양손을 올려놓으십시오.」

혜지가 양손을 올려놓았다.

「이미 검증된 사람입니다. 다른 접속자는 화면에 양손을 올려놓으십시오.」

"홍주 네 차례야. 양손을 화면에 올려놓고 눈을 감아."

홍주가 양손을 화면에 대자 홍주의 몸이 온통 빨갛게 변했다. 홍주는 흥분한 표정으로 TMT의 테스트를 받았다. 홍주의 손이 화면에서 떨어졌다. 손바닥에는 '무의식화 상태 가능'이라는 문자가 나타났다가 사라졌다.

「프로그램이 끝나면 손바닥에 나타난 메시지에 따르시겠습니까?」

"그냥 '예'라고 해."

홍주가 '예'를 클릭했다.

「접속자가 여행하는 데에 걸릴 시간은 36일 18시간 27분 45초입니다. 접속자의 실수로 불행한 일이 일어나도 TMT는 책임지지 않습니다. 받아들이시겠습니까?」

그러자 혜지가 홍주 귓가에 빠르게 속삭였다.

"너, 무슨 일이 있어도 그리스에 갈 거지?"

"36일 동안이나……. 그럼 학교는 어떻게 해?"

"그건 걱정 마! 주철이만 만나면 귀환용 리모컨으로 바로 돌아올 거니까."

"그렇다면 좋지!"

홍주가 싱글거리며 다시 '예'를 클릭하자 TMT 문이 열렸다.

"됐어. 이리 와."

혜지가 먼저 TMT실 중앙에 놓여 있는 탑승용 의자에 앉았다. 홍주도 따라 앉았다.

"이젠 눈을 감아!"

혜지와 홍주는 두 눈을 꼭 감았다.

고대 그리스의 아카데미로

붉은빛이 온몸을 휘감자 혜지와 홍주는 폭풍의 눈 같은 곳으로 소용돌이치며 빨려 들어갔다. 몸이 허공으로 솟구치는가 했더니 긴 터널 속으로 끝없이 들어갔다. 빛과 빛 사이로 투명한 물체들을 뚫고 지나갔다. 둘은 지평선 너머에서 떠오르는 태양을 등지고 계속 날았다. 이윽고 푸른 숲이 펼쳐지는 너른 평원이 나타났다. 갑자기 몸이 어둠 속으로 추락하는가 싶더니 발에 가벼운 충격이 느껴졌다.

어둠이 짙게 깔려 아무것도 보이지 않았다. 보이는 것이라고는 하늘에 반짝이는 별들뿐이었다. 축축한 습기와 찬바람이 얼굴에 닿았다.

'도대체 이곳은 어딜까? 아카데미라면 분명 학교일 텐데.'

혜지는 온몸에 소름이 돋고 무서워지기 시작했다.

"여기가 어, 어디야?"

어둠 속에서 홍주의 떨리는 음성이 들려왔다. 혜지는 말을 하고 싶었지만 입이 붙어 버린 듯 입 안에서만 맴돌았다.

"어떻게 이런 곳이 고, 고대 그리스…… 제대로 온 거니?"

홍주는 더럭 겁이 났다. 고대 그리스라면 아름다운 신전들이 즐비한 곳이라고 생각했다. 그런데 어둠뿐이라니!

"자, 잠깐만 기다려 봐. 여긴 새벽일지 몰라."

혜지가 겨우 말을 잇자 홍주는 일부러 크게 떠들었다.

"맞아! 여긴 새벽일 거야. 우리나라와 일곱 시간 차이가 나니까."

혜지는 어렵게 한 발을 옮겨 홍주 가까이 다가갔다. 어둠 속에서 홍주도 떨고 있었다. 하늘의 별들이 서서히 자취를 감추자 주변의 사물들이 둘의 눈에 들어왔다. 주위는 아름드리나무들이 **빽빽**하게 둘러싸고 있었다.

"여기 그리스 맞아? 아카데미는 어딨어?"

홍주가 주위를 두리번거렸다. 혜지도 어리둥절하긴 마찬가지였다. 혜지는 어둡고 으시시한 숲에서 빨리 벗어나고 싶어 앞이 훤히 트인 산 아래쪽을 가리켰다.

"저쪽으로 내려가 보자. 학교나 마을을 찾아야겠어."

"어! 저기서 연기가 나는데?"

홍주가 가리키는 언덕 쪽에서 흰 연기 같은 게 조금씩 피어오르고 있었다.

"연기가 맞다면 마을이 있다는 거잖아. 어서 가 보자."

혜지는 홍주의 뒤를 따랐다. 숲을 벗어나자 돌로 쌓은 담장이 보이고, 넓은 길도 보였다. 앞장서 걷던 홍주가 어떤 곳을 가리켰다.

"저게 아카데미야?"

옅은 안개 속에서 커다란 문이 보였다. 문 주위에는 아름다운 나무와 꽃들이 심어져 있었다.

"저건 또 뭐야?"

기하학을 모르는 자, 이 문 안으로 들어서지 마라!
아카데미 학장 플라톤

굳게 닫힌 문에 커다란 팻말이 붙어 있었다. 주위를 살펴봐도 사람들은 보이지 않았다. 홍주와 혜지는 문 앞에서 고개를 갸웃거렸다.

"이것 봐! 이 문제를 풀어야 들어갈 수 있나 봐."
문 위에 수학 문제가 새겨져 있었다.

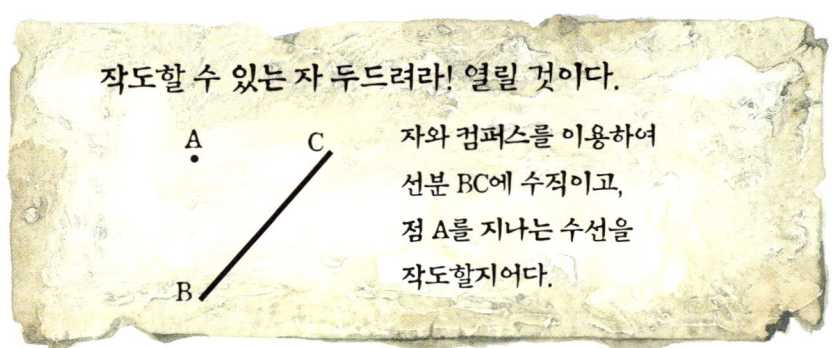

"저걸 문제라고 내놓다니. 역시 고대 그리스군."
"풀 수 있어?"
"에이, 저것도 못 풀까 봐. 점 A에서 선분 BC에 직각만 되게 그으면 되겠지. 그건 그렇고, 아무도 안 계세요!"
홍주가 문을 두드리며 외쳤지만 열리지 않았다. 그런데 홍주가 더 힘껏 두드리며 소리치자 안에서 개 짖는 소리가 요란하게 들렸다.
드디어 문이 열렸다. 키가 작은데다 금발 머리에 눈동자가 파란 남자가 무섭게 생긴 개와 함께 나타났다. 남자는 홍주와 혜지를 보고는 무척 놀라는 것 같았다.
"우린 이 문제 풀 수 있어요. 그러니 들어가도 되겠죠?"

"도대체 너희들, 어디서 온 거지?"

남자는 검은 머리의 혜지와 짙은 눈썹에 특이한 옷을 입은 홍주를 아래위로 훑어보았다.

"동양에 있는 대한민국에서 왔는데요."

혜지가 대답했다.

"여긴 무슨 일로 왔지?"

"플라톤의 아카데미에 입학하려고요."

혜지는 먼저 주철이 얘길 꺼내고 싶었지만, 남자는 동양인을 처음 보는 것 같았다.

"여길 들어오고 싶으면 저 문제를 풀어야 해. 조금 기다려."

남자는 긴 막대자와 컴퍼스를 가지고 와서 건넸다. 홍주가 자와 컴퍼스를 받아들고 바닥에 거침없이 점 A에서 선분 BC에 직각이 되게 자를 대고 직선을 그었다.

"됐죠? 각도기가 없어서 정확히 90도가 될지는 모르지만."

남자는 어이없다는 듯 홍주가 그린 바닥을 내려다보았다.

"보세요! 직각이죠?"

홍주가 두 선분이 만난 곳에 자의 모서리를 대었다. 모서리가 딱 들어맞았다.

"이건 아냐! 컴퍼스와 자를 이용해서 정확히 그려야 해!"

남자는 홍주에게서 컴퍼스와 자를 빼앗아 안으로 사라졌다. 홍주도 재빨리 들어가려 했지만 개가 으르렁거리며 달려들었다.

"기하학을 모르면 이 안으로 절대 들어올 수 없어!"

"기하학이 뭔데요? 어쨌든 답은 맞잖아요!"

"기하학도 모른다고? 도형에서 그 성질과 이치를 여러 가지로 따져 보는 거야."

홍주가 문을 힘껏 두드렸지만 한번 잠긴 문은 꿈쩍도 안 했다.

"홍주야, 뭐든 조심해야 해! 여긴 고대 그리스야. 우리가 21세기 미래에서 왔다면 이 사람들이 믿겠어?"

홍주는 말없이 문만 뚫어지게 쳐다보고 있었다.

"만약 믿는다 해도, 우리를 위험에 빠뜨리거나 이용만 할 거야."

"그래 봤자 우린 컴퓨터 프로그램 속에 들어와 있는 거라고. 그러니까 이곳 사람들과 말도 통하는 거잖아!"

"말은 프로그램에서 통할 수 있도록 만들어진 거야. 여기서 우리가 생활하는 건 현실과 똑같다니깐."

"그 말을 믿으라고?"

홍주는 이 상황에 적응하지 못했다.

"너, 낭떠러지에서 떨어지는 꿈을 꿨을 때 생각해 봐. 무섭고, 진짜처럼 아팠지? 마찬가지로 지금 우리가 있는 이곳은 현실 같은 꿈속이야."

홍주는 잠자코 듣고만 있었다.

"꿈은 잠깐 꾸다가 깰 수 있지만, 우린 그렇게 못 하는 게 다를 뿐이야. 주철이가 깨어나지 못하는 것처럼."

"그렇지만 우리에겐 귀환용 리모컨이 있잖아?"

"리모컨은 주철이를 만난 뒤에 사용할 거야. 그러니까 주철일 만날 때까지는 조심해야 해!"

혜지가 다시 문제 앞으로 다가갔다.

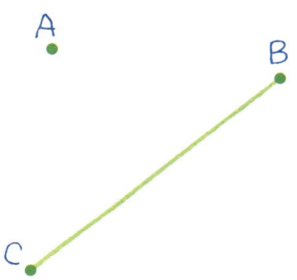

"선분 BC에 수직이면서 점 A를 지나는 수선을 어떻게 작도하지?"

"아! 알 것 같아. 점 A에서 선분 BC에 컴퍼스로 수선을 내리면 될 것 같은데."

홍주가 점 A를 중심으로 하여 원을 그렸다.

"왜 수선만 내리면 되지?"

"선분 AD와 AE는 반지름이니까 같고, A와 D와 E를 이으면 이등변삼각형이……."

"그래, 선분 DE의 중점과 점 A를 이으면 삼각형 ADE가 수직

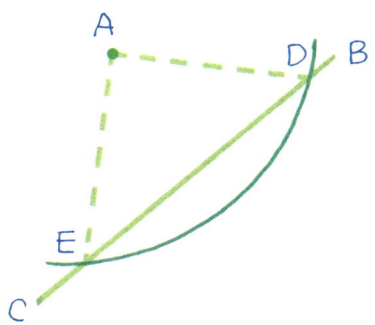

이등분 된단 말이지?"

홍주가 고개를 끄덕였다.

그때 문이 열리면서 남자가 다시 나타났다. 그 뒤에는 곱슬머리 남자가 서 있었다. 곱슬머리 남자가 물었다.

"이 애들이 소란을 피웠단 말이지요?"

"예, 학장님."

"여긴 신성한 곳이야! 이백 년 동안 단 한 사람도 문제를 풀지 않고서는 들어올 수 없는 곳이다."

"그럼, 저 안엔 아무도 없겠네요?"

홍주가 따지듯 물었다.

"왜 그렇게 생각하지?"

"저 문제를 풀어야 들어갈 수 있다면 몇 명이나 들어갔겠어요?"

학장의 얼굴에 웃음이 번졌다.

"들어올 수 있는 문이 또 하나 있다. 이 문제를 풀 수 없거든

다른 문으로 들어오너라."

학장이 문을 닫으려 하자, 홍주가 막아섰다.

"풀 수 있어요. 자와 컴퍼스를 주세요."

"네가 저 문제를 풀 수 있다고? 리처드 선생님, 자와 컴퍼스를 가져오세요."

학장의 눈이 빛났다.

홍주가 바닥에 작도를 시작했다.

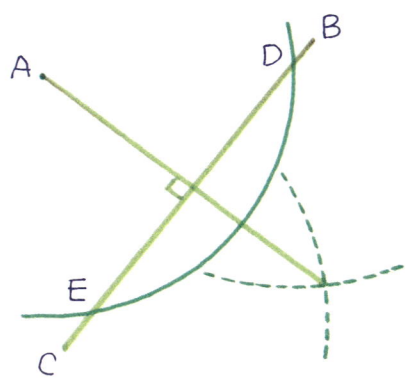

홍주는 점 A를 중심으로 하여 원을 그렸다. 그리고 원과 선분이 만난 점을 D와 E라고 했다. 선분 DE의 중점을 찾기 위해 점 D와 E를 중심으로 하여 크기가 같은 원을 다시 그렸다. 그러자 두 원이 만나는 점이 생겼다. 그 점과 점 A를 직선으로 이었다.

"정확해! 우리 아카데미에 입학하겠다고?"

학장이 '짝짝짝' 박수를 치며 말하자, 홍주와 혜지가 고개를 끄덕였다.

"너희는 이름이 뭐지?"

"전 홍주고, 얘는 혜지예요."

"오늘 귀한 손님들이 아카데미에 찾아왔군. 들어가지."

홍주와 혜지는 학장을 따라 들어갔다. 커다란 대리석 건물을 여러 채 지나자 정원이 나타났다. 잘 가꾸어진 정원 가운데 넓은 연못이 있었다. 연못을 가로질러 쳐진 줄을 따라 구덩이가 파헤쳐져 있었다. 그런데 학생들은 보이지 않았다.

"여기도 방학인가요?"

홍주가 물었다.

"아니다. 얼마 전까지만 해도 학생들이 북적거렸는데, 지금은 다른 학당으로 가 버렸지."

"그렇다고 이렇게 큰 아카데미에 학생들이 없다는 게……."

"걱정할 것 없다. 다시 학생들이 모여들 테니까."

학장이 한 건물 안으로 들어섰다. 그곳은 교실이었다. 벽면 한쪽에 책과 두루마리들이 차곡차곡 쌓여 있었다.

"리처드 선생님, 딕 숙부님을……. 아니 내가 모셔오지요."

학장이 리처드 선생이라는 남자에게 말을 건네다가 둘이 함께 밖으로 나갔다.

플라톤의 암호

"이제야 고대 그리스에 온 게 실감 나는데."

홍주가 뒷짐을 지고 교실을 왔다갔다 했다. 홍주는 뭐가 그리 좋은지 활짝 웃었지만 혜지는 자꾸 조바심이 났다. 홍주의 거침없는 말이나 행동도 신경이 쓰였다.

"저걸 봐. 저게 말이 되니? 저런 걸 붙여 놓다니."

홍주가 가리키는 벽면에는 커다란 액자가 걸려 있었다.

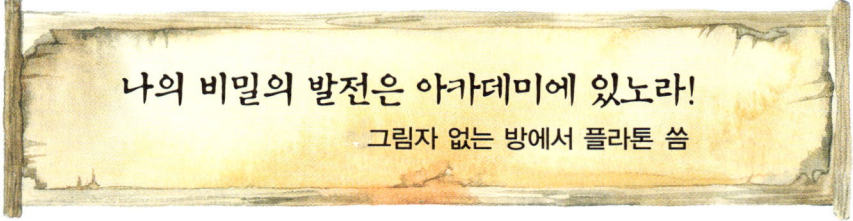

나의 비밀의 발전은 아카데미에 있노라!
그림자 없는 방에서 플라톤 씀

"왜? 뭐가 말이 안 돼?"

"자신의 비밀을 발전시키려고 아카데미를 세웠다는 게 말이 돼?"

홍주의 비아냥이 채 끝나기도 전에 무서운 호통소리가 날아왔다.

"네 이놈! 감히 그런 말을 하다니!"

학장이 눈을 부릅뜨고 서 있었다. 그 옆에는 키 큰 노인이 있었다. 노인의 얼굴은 하얀 구레나룻 수염으로 뒤덮여 있었다.

"멀리 동양에서 왔다고 해서 입학을 허락할까 했는데 감히 플라톤을 비웃다니!"

학장이 흥분해서 얼굴을 붉히자 홍주도 얼굴이 빨개졌다.

"왜 말이 안 된다는 거지?"

노인은 홍주에게 물었다.

홍주는 당황한 나머지 머뭇거렸다. 잘못 말했다가는 이곳에서 쫓겨날 수도 있기 때문이었다. 하지만 적당히 둘러댈 말이 생각나지 않았다.

"어서 대답하지 못할까!"

학장이 불호령을 내렸다.

"플라톤이라고 해도 자신의 비밀을 발전시키는 데 아카데미를 이용하면 안 되잖아요?"

홍주는 솔직하게 말했다.

"그래도 이놈이! 너같이 건방진 학생은 우리 아카데미에 필요 없다! 어서 돌아가!"

"플라토니아, 진정해라. 저 글을 읽어 보면 그 말도 크게 틀리지 않아?"

노인이 학장을 조용히 타일렀다.

"하지만 딕 숙부님, 저건 아카데미를 발전시키라는 뜻에서 쓴 글입니다. 잘 아시지 않습니까?"

학장의 말처럼 플라톤은 자신의 전 재산을 바쳐 아카데미를 세우고 제자들을 가르치는 데 정열을 쏟았다. 플라톤이 썼다는 이유만으로도 액자의 글은 아카데미에 꼭 걸려 있어야 하며, 그 자체만으로도 소중한 유물이었다. 아카데미에 있는 사람들은 모두 그렇게 믿고 있었다. 그러므로 플라톤이 자신의 비밀을 발전시키기 위해 아카데미를 이용했다는 홍주의 말은 충격적이었다. 딕의 표정이 일그러졌다.

"저게 진짜 아카데미를 발전시키라는 뜻에서 쓴 글이에요?"

"분명하지!"

"그렇다면 암호가 숨어 있는 것 같아요."

"암호라니! 무슨 암호?"

학장이 홍주를 보며 다그쳤다.

홍주는 요사이 아이들 사이에 유행하는 암호편지를 떠올렸다. 선생님은 "흔히 사용하는 물건에 자신도 모르는 암호가 숨어 있

다."고 했다. 신용카드, 바코드, 심지어는 주민등록번호에까지 암호가 숨어 있다는 것이다. 암호는 자신의 중요한 정보를 보관하는 데도 사용하지만, 특정한 상대와 비밀스런 정보를 교환하는 데도 사용한다면서 자신만의 암호를 만들어 보라고 했다. 그때 홍주는 가장 창의적이고 논리적인 암호 체계를 만들어서 선생님으로부터 칭찬을 받았다.

"아주 간단해요. 앞뒤의 글만 바꾸면 바로 알 수 있거든요."

암호를 푸는 기본 방법은 치환이다. 맨 앞의 낱말과 맨 뒤의 낱말을 차례대로 맞바꾸어 가는 방법이다. 혜지가 그 방법으로 글을 만들어 보자 '아카데미의 발전의 비밀은 나에게 있노라!'라는 문장이 만들어졌다.

"네 이놈! 그게 뭔지 어서 말을 하지 못할까?"

이번에는 딕이 눈을 치켜뜨며 소리쳤다. 교실 안이 쩌렁쩌렁 울렸다. 홍주가 깊이 숨을 들이쉬고는 더듬거렸다.

"아카데미를 발전시키는 비밀은 플라톤에게 있다는 뜻인데요."

"아카데미를 발전시키는 비밀이 플라톤에게 있다고?"

딕은 넋 나간 사람처럼 액자만 바라보았다. 지금까지 수백 번도 더 보아 온 액자였다. 너무 많이 봤기 때문에 오히려 관심 밖이었던 것일까. 딕도 앞뒤의 말을 바꾸어 읽어 보았다.

"아카데미의 발전의 비밀은 나에게 있노라!"

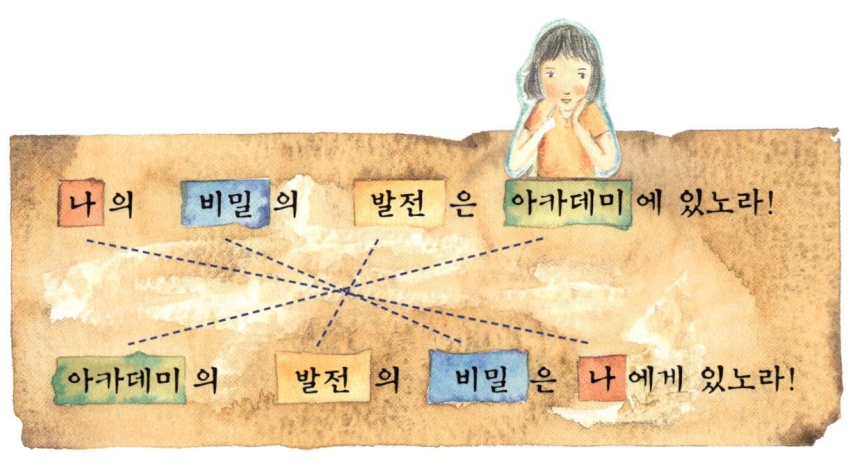

"이런!"

이렇게 쉽고도 가까운 곳에 비밀이 숨어 있었는데, 오랜 세월 동안 알아내지 못했던 것이다. 홍주는 한결 누그러진 딕의 표정을 보면서 말했다.

"그래요. 비밀은 플라톤에게 있어요."

플라톤의 보물에 대한 소문은 전설처럼 내려오고 있었다. 그 소문은 플라톤이 아주 많은 보물을 숨겼다는 것이었다. 하지만 딕과 학장은 소문을 믿지 않았다.

일 년 전쯤이었다.

자신을 밝히지 않은 사람으로부터 두루마리 한 통이 아카데미에 배달되었다. 그 두루마리에는 플라톤이 지은 시 한 편이 적혀 있었다. 시를 읽는 동안 딕은 가슴이 뭉클해졌다. 플라톤은 지금과 같은 어려움이 아카데미에 닥칠 것을 예견하고 시를 지은 것 같았다. 학생들과 실력 있는 선생들은 칼리스가 새로 세운 학당으로 자리를 옮긴데다가 아카데미를 운영해야 할 돈도 바닥이 난 것이다. 딕은 시를 읽고 또 읽었다. 시에는 알 수 없는 메시지가 담겨 있었다. 생각다 못한 딕은 플라톤의 묘를 파헤쳐 보자고 했다. 학장은 반대했으나 딕은 끝까지 고집을 꺾지 않았다.

결국 묘는 파헤쳐졌고, 플라톤의 묘에서 보물에 대한 단서가 발견되었다. 그러나 단서는 쉽게 풀리지 않았다. 단서에 따라 거리를 측량하고 정원을 파헤쳤지만 보물은 찾을 수 없었다.

그런데 오늘 동양에서 왔다는 아이들이 그 비밀을 찾아낸 것이다! 그것도 액자의 글을 보고서.

딕과 학장의 눈이 마주쳤다. 딕이 먼저 입을 열었다.

"플라토니아, 어서 시를 가져 오너라!"

"예, 숙부님."

열어젖힌 창문으로 이따금 바람이 불어왔다. 하지만 그들의 더위를 식혀 주지 못했다.

"할아버지, 저 애들이 동양에서 왔어요?"

홍주 또래의 남자애가 혜지와 홍주를 초롱초롱한 눈으로 바라보며 물었다.

"콜린, 이 시간에 무슨 일이냐? 어서 수업 받아야지."

"지금은 할아버지가 담당하시는 체력단련 시간이에요."

"오늘은 각자 체력을 단련하라고 해라. 지금은 중요한 일이 있어서."

그러자 콜린이 어리둥절한 표정을 지었다. 지금까지 수업을 소홀히 한 적이 없던 할아버지였다.

"어서 가지 않고 뭐하는 거냐!"

콜린이 시큰둥해서 돌아섰다.

"이걸 한번 읽어 봐라!"

학장이 너덜너덜하고 빛바랜 두루마리를 홍주에게 건넸다.

홍주가 두루마리를 펼치며 물었다.

"이런 종이도 있어요? 금방 찢어질 것 같은데요?"

"이건 파피루스라는 식물 줄기로 만든 거야."

"와! 옛날에는 이런 종이를 썼구나. 그런데 파피루스는 어떻게 생겼어요?"

홍주가 딕을 보며 물었다.

"삼각형 모양의 줄기에서 껍질을 벗겨 종이뿐 아니라 돗자리도 만들지."

딕의 말에 홍주가 놀라운 표정을 짓고 시를 읽어 내려갔다.

학

물이 적어 외면하는가?
먹이가 없어 피하는가?
물도 먹이도 호수 안에 있을진데
학 없는 호수가 될까 봐 걱정하노라.

먹이가 있어도 먹지 못하고
물이 있어도 마시지 못하니
물도 먹이도 영원히 묻힐까 염려되나
지혜로운 자 학당을 위해 밝힐지어다.

아카데미의 앞날을 걱정하며 플라톤 씀

"이 시에서 호수는 아카데미를, 학은 학생들을 뜻하나요?"
혜지가 물었다.
"그렇게 보이느냐?"
학장이 되묻자 혜지가 대답했다.

"플라톤이 아카데미의 앞날을 걱정하며 물과 먹이를 찾으라고 한 것 같아서요."

"물과 먹이? 맞아! 플라톤이 아카데미를 위해 무언가 숨겨 둔 게 분명해!"

그러자 학장이 홍주의 말을 듣고 깜짝 놀라 딕을 불러냈다.

"저 애들이 수상해요. 혹 칼리스가 보낸 첩자가 아닐까요?"

"흠, 글쎄다. 어떻게 봐야 할지……."

칼리스는 수단과 방법을 가리지 않고 아카데미를 팔라고 끈질기게 협박했던 인물이다. 그때마다 딕은 팔 수 없다고 거절했다. 그러자 칼리스는 마을에서 아카데미로 오는 길목인 헤로스에 학당을 짓고 학생들과 선생들을 그곳으로 끌어들였다. 그래서 아카데미의 학생들 수는 날이 갈수록 줄어 지금은 네 명밖에 남지 않은 것이다.

혜지는 액자를 보면서 생각에 잠겼다. 액자에는 비밀이 플라톤에게 있다고 써 있었다. 만일 그 비밀을 밝힌다면 주철이를 찾는 데 도움을 청할 수도 있을 것 같았다.

"홍주 넌, 비밀이 어디 있다고 생각해?"

"뻔하잖아. 플라톤은 이미 죽었는데 어딨겠어. 바로 무덤이겠지."

"무덤? 죽은 사람이 비밀을 어떻게 가져갈 수 있어?"
"어떤 땐 넌 너무 순진하더라. 플라톤이 가져갔겠니? 다른 사람이 넣어 줬겠지."

홍주는 크나큰 발견이나 한 것처럼 들떠서 교실 안을 열심히 왔다 갔다 했다.

잠시 뒤 딕과 학장이 교실로 들어왔다. 학장이 실눈을 하고는 물었다.

"너희들은 비밀이 어딨다고 생각하느냐?"

"그거야 플라톤 무덤에 있겠죠. 혹시 무덤에서 비밀을 찾았다면 보여 주세요. 우리가 도울게요."

"뭐야! 도와준다고?"

학장과 딕은 너무나 자신만만한 홍주의 태도가 더욱 의심스러웠다.

왜냐하면 플라톤의 무덤은 밤에 파헤쳐졌다. 비밀을 유지하기 위해 두 사람만 참가했다. 비밀문서를 찾아낸 지 4일째 되는 날이었다. 그런데 어떻게 알았는지 칼리스가 부하들을 이끌고 찾아와서 비밀문서를 내 놓으라며 협박을 하다가 돌아간 적이 있었다.

"너흰 칼리스가 보낸 첩자들이 분명하다!"

딕이 눈을 부릅뜨며 혜지와 홍주의 목덜미를 잡았다. 혜지가 설명하려고 했으나 둘은 어디론가 끌려가고 있었다.

 방에 갇히다

 홍주와 혜지가 끌려온 곳은 넓은 방이었다. 방 안에는 고급스러운 침대와 벽난로까지 있었다. 바닥에는 붉은 대리석이 삼각형 모양으로 깔려 있었고, 여러 개의 촛대가 벽에 걸려 있었다.

"이제 어떡해? 우리……."

홍주가 철문이 쾅 닫히는 소리를 듣고 말했다. 혜지도 막막하기는 마찬가지였다. 리모컨으로 돌아가 버리면 그만이지만 주철이를 만나지 못하고 갈 수는 없었다. 이대로 돌아간다면 주철이는 어떻게 될지 알 수 없었다.

"다 네 탓이야! 알지도 못하면서 왜 비밀을 보여 달랬어!"

"그, 그건 말이야."

홍주는 미안한 마음에 주눅이 들었다.

"됐어! 오해는 풀릴 거야! 앞으로는 조심해."

둘은 서로 말이 없었다. 하지만 침묵이 깨진 건 누군가의 배에서 나온 '꼬르륵' 소리 때문이었다. 홍주가 혜지의 눈치를 살피며 조심스럽게 말했다.

"그렇다고 이렇게 가둬 놓다니. 넌 배 안 고파?"

"배고픈 건 참을 수 있지만……."

"주철이를 생각하는구나?"

"그래, 주철인 지금 어딨을까?"

"참! 주철이가 땀을 많이 흘렸다고 했지? 그럼 혹시 어딘가 헤매고 있는 게 아닐까?"

"그러게. 이 더위에 어딘가 헤매고 있으니까 땀을 많이 흘렸겠지."

헤매고 있다면 더욱 걱정이었다.

'하루라도 빨리 만나 돌아가야 할 텐데.'

혜지는 눈물짓던 주철이의 엄마가 자꾸만 떠올랐다.

"주철일 내가 구해 주면 나한테 맞서지 못하겠지?"

홍주가 으시대며 말했다.

"주철이가 언제 널 괴롭혔니? 니들이 항상 주철일 놀렸지."

"넌 이 상황에서도 주철이 편이냐? 그러니까 세민이가 안 따라왔지."

혜지는 세민이 얘기가 나오자 다시 배신감에 젖어들었다. 기회만 있으면 언제 TMT를 탈 수 있냐고 하다가 위험하다 싶으니까 발뺌을 하다니! 차라리 홍주와 함께 오길 잘했다는 생각이 들었다. 홍주의 말을 듣지 않고 숲이 적은 산 아래쪽으로 갔다면 어떻게 되었을까. 아카데미를 찾지 못하고 숲 속을 헤맸을지 모를 일이었다. 얄밉긴 했지만 홍주가 고마웠다.

그때 철문 열리는 소리가 났다. 홍주가 벌떡 일어나 철문 앞으로 갔다. 낮에 만났던 콜린이 빵과 과일을 들고 들어왔다. 홍주는 고맙다는 말도 없이 빵을 받아서 허겁지겁 먹기 시작했다.

"넌 왜 안 먹어?"

"응, 먹을 거야."

콜린의 말에 혜지도 빵을 집어들었는데, 다시 철문 소리가 났다. 문이 열리고 딕과 학장이 들어섰다.

"콜린, 네가 무슨 일로 여기 왔지?"

"애들이 배고플 것 같아서……. 할아버지, 잘못했어요."

"아니다, 잘했어. 이제 나가 봐라!"

콜린이 밖으로 사라지자 학장이 물었다.

"칼리스가 비밀문서의 내용을 알아보라고 했겠지?"

"우린 칼리스라는 사람이 누군지 몰라요. 우린 그저 친구를 찾아왔는걸요."

"친구?"

"네. 이곳에 주철이란 친구가 먼저 왔어요. 그 앤 지금 정신을……."

혜지가 급하게 홍주의 말을 가로챘다.

"주철이도 아카데미에 입학하려고 왔어요. 그런데 이곳에 없는 것 같아서 말을 안 했어요. 우린 칼리스란 사람을 정말 몰라요."

"도저히 안 되겠다. 바른대로 말하면 보내 주려고 했는데."

학장은 무슨 말을 해도 믿지 않을 듯이 보였다.

"우리가 왜 첩자라고 생각하죠?"

홍주가 참지 못하고 나섰다.

"너희는 너무 많은 것을 알고 있어! 이 비밀을 알고 있는 사람은 없단 말이다!"

"우리가 알고 있는 비밀이 뭔데요?"

"너흰, 우리가 모르는 것까지 알고 있어!"

"우릴 풀어 주세요. 절대 도망치진 않아요. 뭐든 도와드릴게요."

학장이 기가 막힌 듯 홍주를 쳐다보았다. 거리낌 없는 태도, 겁을 주어도 먹혀들지 않는 데에는 방법이 없었다.

"도와준다고?"

딕이 물었다.

가장 중요한 것은 플라톤의 비밀을 풀어내는 것이다. 비밀문서는 보물이 묻혀 있는 장소를 말하고 있다. 학바위에서부터 연꽃 문양이 새겨진 플라톤 무덤의 비까지 직선으로 줄을 쳤다. 그리고 줄이 지나간 자리를 파헤쳤다. 그런데 아무것도 발견하지 못했다.

"노력해 볼게요."

혜지가 딕을 보며 공손하게 대답했다.

"노력해 본다고? 허튼수작 그만 부려!"

학장이 느닷없이 화를 냈다. 그리고 딕과 학장은 방을 나가며 문을 걸어 잠갔다.

"안 돼요, 제발! 문 좀 열어 주세요!"

홍주가 철문을 걷어차며 소리쳤지만 밖은 조용했다.

"어쩔 셈이냐?"

딕이 앞장서 걸으며 학장에게 물었다.

"더 두고 보지요. 칼리스가 분명 반응을 보일 겁니다."

"차라리 문서를 저 애들에게 보여 주는 게 어떠냐?"

"예?"

학장이 깜짝 놀라 걸음을 멈췄다.

"저 애들을 감시만 잘하면 괜찮을 것 같은데?"

"그건 위험합니다! 칼리스가 한 번만 문서를 보자고 했을 때도 숙부님이 반대했잖습니까? 그런데 저 애들에게 보여 준다는 것은……."

"좋은 수가 있다. 저 애들이 친구라고 말한 주철이를 찾아보자. 정말 입학하기 위해 여기 왔다면 어딘가에 있을 거다. 거짓말이 아니라면 금세 알 수 있을 게야."

"그것도 좋은 방법이네요. 먼저 왔다면 아카데미를 못 찾을 리 없을 텐데."

딕은 작은 희망이지만 아이들을 믿고 싶었다. 칼리스가 보냈다고 확신할 수도 없었다.

"너, 리모컨 좀 줘 봐."
"뭐하려고?"
"어떻게 생겼는지 보려고."
혜지가 호주머니에서 리모컨을 꺼냈다.
"어떻게 사용하는 거니?"
"주철이를 만나면 거기 노란 버튼을 4초 이상 누르고, 엔터를 누르면 컴퓨터에서 위치를 확인할 수 있대."
"우리가 돌아갈 수 있는 버튼은?"
"거기 파란 버튼을 같은 방법으로, 근데 지금 돌아가자는 거야?"
혜지가 벌떡 일어섰다.
"돌아갔다가 내일 일찍 오면 되잖아?"
"너 미쳤니! 우리가 없어지면 이 사람들이 무슨 생각을 하겠어? 정말 첩자로 몰리고 싶어? 주철이만 찾으면 바로 돌아갈 거야. 그때까지만 참아!"
"언제? 만약 못 찾으면?"
홍주의 눈이 커졌다. 혜지도 뒷일은 알 수 없었다. 하지만 주철이를 꼭 찾아야 한다는 생각에는 변함이 없었다.
"그나저나 주철이는 좋겠다. 그리스를 마음대로 돌아다닐 테니까. 우린 완전 잘못 들어온 거야."

"마음대로 돌아다닌다고? 그걸 말이라고 해! 주철인 이 밤에 어딜 헤매고 있을지 몰라!"

밤이 되자, 부엉이 울음소리가 가까이에서 들려왔다. 홍주가 작은 소리로 중얼거렸다.

"울 엄마 기다리실 텐데. 어떡하지?"

"전화했잖아."

"저녁 늦게는 들어올 줄 아셨을 거야."

홍주는 일이 이렇게 될 줄은 미처 생각하지 못했을 것이다. 혜지도 걱정스러웠다. 절대 보낼 수 없다는 엄마의 목소리가 생생하게 들리는 듯했다.

밤이 깊어 갈수록 부엉이 울음소리는 더 요란했다. 혜지는 침대 귀퉁이로 돌아누웠다.

'내가 떠난 다음 엄마는 어떻게 하고 있을까.'

혜지는 눈물이 나려는 것을 꾹 참았다. 홍주도 잠이 오지 않는지 자주 몸을 뒤척였다.

딕은 연구실 쪽으로 걸음을 옮겼다.

"일찍 일어나셨군요, 숙부님."

학장도 궁금했던지 연구실 쪽에서 걸어 나왔다.

"전 오늘 주철이란 앨 찾아보겠습니다."

"플라토니아, 잘 생각했다. 평면도는 어쩔 거냐? 내 생각엔 감시만 잘하면 될 것 같은데?"

"감시는 누가?"

"그건 내가 하겠다. 아무리 칼리스라 해도 내가 지키는데 별수야 있겠느냐?"

딕은 밤새껏 생각했다. 아이들을 계속 가두어 둘 수도 없었다. 비밀문서를 풀어내는 것이 더 급한 문제였다.

"지금 데려오겠습니다."

학장은 연구실 쪽으로 가고, 딕은 천천히 연못 쪽으로 걸음을 옮겼다.

연못 위로 아침햇살이 따스하게 내려앉아 있었다. 이슬을 머금고 아름답게 피어 있는 연꽃들이 눈길을 끌었다. 딕은 연꽃에서 눈을 돌렸다. 흉물스럽게 파헤쳐진 구덩이를 바라보자 착잡한 마음을 감출 수 없었다. 그동안 아카데미를 일으켜 세우기 위해 한 일들은 모두 헛수고였다. 이젠 기댈 곳은 동양에서 왔다는 아이들뿐이었다. 설사 칼리스가 보냈다 해도 문제만 풀어 준다면 고마운 일이었다.

연구실에서 아이들이 걸어 나왔다.

"덥지 않았느냐?"

"너무 더운데다가 어떻게 여자와 남자를 한 감옥에서 자게 해요?"

홍주가 얼굴을 붉혔다.

"뭘 잘했다고 큰소리야! 그리고 저곳은 감옥이 아니고, 플라톤의 연구실이야."

딕의 얼굴에 웃음이 살짝 피어올랐다.

"휴! 배도 고프고……."

"알았다, 요 녀석아."

딕이 앞장서 식당으로 들어갔다. 식탁에는 갓 구워낸 빵과 따뜻한 수프가 차려져 있었다.

"이제부터 너희들은 우리 아카데미의 학생이다. 축하한다."

"우리가 첩자가 아니라는 게 밝혀졌나요?"

"그래, 어젠 미안했다. 대신 삼각형 문제 하나 풀어 보겠니?"

"문제요? 어딨는데요?"

홍주가 자신감 넘치는 얼굴로 학장을 쳐다보았다.

깨어난 주철이

"엄마! 눈을 떴어요."

꿈결에 어렴풋이 목소리가 들렸다. 힘겹게 눈을 뜨자 커튼이 쳐진 창문이 희미하게 보였고, 밝은 금발에 눈이 커다란 여자아이가 앞에 서 있었다. 여자아이는 밖으로 나가며 다시 소리쳤다.

"엄마, 빨리요! 정신을 차렸나 봐요."

주철이는 자리에서 일어나려 했지만 몸이 마음대로 움직여지지 않았다.

"셀리나, 수건 좀 가져오렴. 이 땀 좀 봐!"

아주머니가 다가와서는 걱정스런 얼굴로 말했다. 여자아이가 수건을 내밀자 아주머니가 주철이의 땀을 닦아 주었다.

주철이는 겨우 몸을 일으켰다.

"아직도 정상이 아냐. 좀 더 누워 있어야겠다."

아주머니는 부드럽고 정겨운 목소리로 주철이를 다시 누이며 말했다.

"그런데 어떻게 이곳까지……, 아니 왜 그 깊은 산속에 있었니?"

아주머니가 이해할 수 없다는 듯이 물었다.

주철이는 연구실에서 게임기에 삼각형의 답을 입력하고 엔터 키를 눌렀었다. 그러자 문자가 화면에 나타났다.

「정답입니다. TMT 본체와 연결됐습니다. 여행할 곳은 플라톤의 아카데미입니다. 즐거운 여행이 되시길 바랍니다.」

순간 정신이 몽롱해지면서 붉은빛이 온몸을 휘감았다. 주철이는 있는 힘을 다해 붉은빛 속에서 빠져나가려고 발버둥을 쳤다. 하지만 몸은 이미 허공을 날고 있었고, 그러다가 숲에 내려섰던 것이다.

주철이가 막 숲에 내려섰을 땐 가랑비가 조금씩 내리고 있었다. 숲에는 아름드리나무가 빽빽하게 우거져 있었다. 사방을 둘러보아도 학교처럼 보이는 건물이나 마을은 보이지 않았다. 주철이는 숲이 끝나는 산 아래쪽으로 무작정 걸었다. 걷다 보니 너무 비탈져 도저히 내려갈 수 없게 되자 다시 돌아섰다. 숨이 차오르고 옷은 땀으로 흠뻑 젖었지만 멈출 수 없었다. 날은 점점 어두워지고 밤안개까지 피어올랐다. 더 어둡기 전에 플라톤의 아카데미나 마을을 찾아야만 했다.

멀리서 늑대 울음소리도 들렸다. 이제는 숲을 벗어나야 살 수 있다는 생각뿐이었다. 주철이는 일단 넓고 평평한 바위 위로 올라갔다. 그런데 아차 하는 순간 바위 아래로 미끄러지고 말았다. 그때 어디선가 개 짖는 소리가 들려왔고 그 뒤로 기억이 나지 않았다.

"플라톤의 아카데미를 찾으려다가 이렇게 됐어요."

"길을 잘못 들었구나. 아카데미는 마을에서 떨어진 숲 속에 있는데."

"사냥을 하고 돌아오는데 개들이 심하게 짖어 대지 않겠니? 절벽을 타고 올라갔지. 어둠 속에 네가 나뭇가지에 아슬아슬하게 걸려 있더구나."

셀리나의 아빠인 니콜라가 말했다. 니콜라는 개들이 찾지 못했다면 주철이의 목숨이 위태로웠을 거라고 덧붙였다.

주철이는 셀리나를 따라나섰다. 성은 거대하고 아름다웠다. 높은 언덕 위에 지어진 성은 둥근 대리석 기둥이 받치고 있었다. 담쟁이덩쿨이 건물 외벽을 타고 올라 조그마한 산을 이루었다.

"네 아빠가 이 성에서 높은 분이랬지?"

"이 성의 집사이면서 훈련대장이야."

"훈련대장? 무슨 훈련을 시키는데?"

셀리나는 주철이를 성 뒤쪽으로 데리고 갔다. 그러자 넓은 운

동장과 푸른 들판이 펼쳐졌다. 운동장에서는 많은 사람들이 과녁을 향해 활을 쏘고 있었다.

"성을 지키는 군사들이야."

셀리나는 훈련을 받고 있는 군사들을 가리켰다.

"성주는 어떤 분이니?"

"좋은 분이야. 성주님이 우리 가족을 구해 주셨대."

"너희 가족을 구해?"

"응. 부모님이 지중해에서 폭풍을 만나 파도에 휩쓸렸는데, 성주님이 상선을 타고 지나가다가 구해 주셨대. 그때 나는 엄마 뱃속에 있었어."

"그래서 이 성에 살게 되었니?"

"응, 성주님은 우리 가족에게 무척 잘해 주셔."

성주는 광산과 여러 척의 상선을 가졌을 뿐만 아니라 아리스토텔레스가 세운 리케이온 학당도 경영했다. 곧 플라톤의 아카데미도 사들일 계획이었다.

"셀리나, 플라톤의 아카데미는 여기서 가깝니?"

"마차로 가야 해. 아빠께 부탁해서 마차를 내어 달라고 할게."

주철이는 셀리나 부모님이 잘 대해 줬지만, 하루 빨리 플라톤의 아카데미에 가 봐야겠다고 생각했다. 처음 목적지가 그곳이었기 때문에 집으로 돌아갈 수 있는 방법도 그곳에 있을지 모를 일이었다.

플라톤의 비밀문서

학장이 종이 한 장을 내밀었다. 아카데미의 평면도였다.

"이게 문제예요?"

혜지가 물었다.

"그래, 이것을 풀 수만 있다면……."

학장이 말끝을 흐리다가 다시 평면도에 대해 설명했다. 혜지는 중요한 것은 꼼꼼히 받아 적었다.

학장은 수돗탑과 정문을 잇고, 연꽃 문양에서 학바위로 연결된 직선 위의 한 점을 찾아 삼각형을 만들라고 했다. 그리고 그 삼각형 세 변의 길이의 합이 가장 짧아야 한다고 했다.

홍주는 왜 줄이 쳐진 곳을 따라 땅이 파헤쳐졌는지 알 수 있을

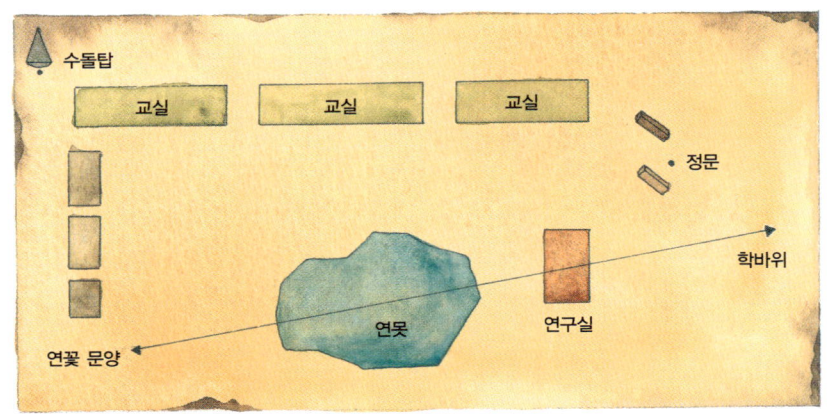

것 같았다. 땅속에 묻힌 것을 찾고 있는 게 분명했다.

"수돗탑과 정문의 거리가 일정하다면, 직선 위에 한 점을 어디에다 찍느냐에 따라 변의 길이는 달라지겠지?"

"그렇겠지. 직선 위에 점을 찍고 세 변의 길이를 재 봐야겠어."

혜지가 연구실과 연못 사이에 점을 찍고 길이를 쟀다. 서로 비슷했다. 먼저 연구실 뒤쪽으로 가 보았다. 이미 깊게 파헤쳐 있었다. 다른 곳에 가 보니 모두 파헤쳐 있었다.

"찾을 수 있겠느냐?"

"좀 더 확인해 봐야겠어요. 평면도가 잘못 그려졌을 수도 있거든요."

홍주의 말에 딕이 고개를 저었다.

"우리도 여러 번 평면도를 확인했고, 줄도 고쳐 보았다."

"저 연못 속까지 파 보셨나요?"

혜지가 물었다. 그러자 딕이 껄껄껄 웃었다.

"저 연못이 얼마나 깊은 줄 아니? 물을 퍼내는 데만 족히 한 달은 걸릴 거야."

"그래도 혹시 모르잖아요. 〈학〉이라는 시에서 물도 뜨이도 호수 안에 있다고 했으니까요."

"그래서 망설이고 있었단다."

딕은 실망의 빛을 감추지 못했다.

"됐다. 가서 저녁이나 먹자."

앞서가는 딕을 따르며 혜지는 주철이를 생각했다. 이럴 때 주철이가 있다면 틀림없이 방법을 찾아냈을 것이다.

"할아버지, 저희 친구 좀 찾아 주세요. 네?"

"그 애 이름이 주철이라고 했지? 학장이 찾고 있어. 그리스에 있다면 연락이 올 거야."

"고맙습니다! 주철이라면 이 문제를 풀어낼 수 있을 거예요."

혜지는 너무 기뻤다. 주철이만 만난다면 TMT 프로그램도 압축할 수 있을 것이다.

"우린 이 문제를 풀기 위해 그 앨 찾는 게 아니다. 우리 아카데미에 입학한다고 해서 찾는 거지."

세 사람은 식당으로 들어섰다. 식당에는 학장과 콜린, 낯선 사람들이 앉아 있었다.

"찾을 수 있겠니?"

학장이 물었다.

"플라톤이 남긴 비밀을 말해 주세요. 진짜 삼각형을 만들라고 했는지 모르잖아요?"

홍주의 질문에 학장이 홍주를 빤히 쳐다보았다. 그러자 혜지가 재빨리 나서서 말을 돌렸다.

"그건 필요 없어요. 주철이만 오면 분명 방법을 찾을 수 있어요."

혜지는 주철이를 믿었다. 또 플라톤이 남긴 비밀을 보겠다면 다시 첩자로 몰려 연구실에 갇힐 수도 있기 때문이었다.

저녁 식사를 끝내고 혜지는 홍주를 끌고 연못가로 갔다.

"너, 왜 그래! 또 연구실에 갇히고 싶어?"

"이 사람들이 잘못 봤을 수도 있잖아. 삼각형 변의

길이가 짧다고 생각한 곳은 모두 파헤쳤어. 그렇다면 문제가 틀렸다는 것 아니겠어?"

"암튼 난 다신 첩자로 몰리긴 싫어. 그러니까 말조심해!"

돌아서 가는 혜지를 향해 홍주가 소리쳤다.

"난 뭐 좋겠냐? 문제를 확실히 보고 싶다는 게 잘못됐냐고!"

"저 애들에게 문서를 보여 주면 어떻겠나? 혹시 우리가 모르는 것을 알아낼 수도 있지 않겠나?"

"숙부님은 저 애들을 믿으십니까?"

"확실한 건 칼리스가 보낸 애들은 아닌 것 같다. 혹시 삼각형과 원의 비밀을 알아낼지 모르잖니?"

그동안 딕은 아이들을 눈여겨봤다. 거리낌 없는 행동과 말투, 그리고 최선을 다하는 모습에서 믿음이 생긴 것이었다.

"제가 문서를 가지고 갈 테니, 숙부님은 아이들을 데려오세요."

홍주와 혜지는 딕을 따라 방으로 들어갔다. 식탁 가운데에 놓여 있는 촛불이 바람에 흔들거렸다.

"이것이 플라톤의 무덤에서 찾아낸 비밀문서다."

학장이 대리석으로 깎아 만든 원통에서 두루마리를 꺼냈다. 누런 두루마리는 동물의 가죽 같아 보였다.

"이건 양피지야. 양의 가죽에다 글을 써 놓은 거지."

학장이 양피지를 펼쳤다. 여러 조각들을 잇대어 꿰맨 양피지에 작은 글자들이 가지런히 쓰여 있었다.

혜지와 홍주는 읽고 또 읽었다. 가로로 읽고, 세로로도 읽어 보았다. 가로는 뜻이 통했지만 세로는 뜻이 통하지 않았다. 가장 이해하기 힘든 부분은 '△밖의 ○점이 △비밀이다.'는 말이었다.

홍주가 학장에게 물었다.

"두루산 밑 안식처 변두리의 연꽃이 뭐예요?"

"플라톤의 무덤은 두루산 밑에 있고, 묘비에는 연꽃이 새겨져 있지."

혜지도 물었다.

△	박	의	○	점	이	△	비	밀	이	다
학	한	마	리	날	아	두	루	산	밑	안
식	처	변	두	리	의	연	꽃	에	닿	았
다	연	꽃	에	닿	은	장	소	는	일	직
선	보	물	은	내	가	선	다	못	했
어	도	결	정	내	린	도	돌	지	혜	로
찾	아	정	문	과	수	선	탑	과	짝	이
선	위	의	한	점	을	직	으	은	아	다
으	면	△	이	다	△	세	변	잘	다
야	한	다	한	변	은	언	제	나
직	선	위	의	점	이	너	를	반	긴	다

"학이 어디에서부터 날아왔는지 알고 줄을 쳤나요?"

"그건 아카데미 오른쪽에 있는 산 중턱에 학바위라는 큰 바위가 있다. 그 학바위를 가리키는 게 확실해."

가로와 세로의 글자 수를 맞추느라 뜻이 안 통하는 부분도 있지만, 평면도는 누가 봐도 문서에 나타난 지점을 따라 정확히 그려져 있는 것처럼 보였다.

"밤이 깊었는데 내일 생각해 보도록 하자."

딕이 먼저 일어섰다.

빼앗긴 귀환용 리모컨

"아이들이 보물을 찾고 있다니?"

칼리스는 날마다 부하들로부터 아카데미의 상황을 보고받았다.

"틀림없습니다. 딕과 함께 연구실 주변을 재고 있었습니다."

"아카데미 정문의 문제를 풀고 들어갔다지만 그 애들이 무슨 수로……."

동양에서 온 아이들이 플라톤의 보물을 찾아낼까 봐 칼리스는 안절부절못했다. 딕의 손에 보물이 들어간다면 결코 아카데미를 넘겨 받지 못할 것이기 때문이다.

"저희 집에 머물고 있는 주철이라는 애도 찾고 있습니다."

"음, 그 앤 왜 찾지?"

"그 애와 같은 곳에서 온 애들인가 봅니다."

칼리스는 동양에서 온 아이들이 걸림돌이 되는 것을 느꼈다.

"좋아! 비밀문서를 넘기라고 해. 그러면 돈과 자네 집에 있는 앨 보내 준다고."

"그런다고 비밀문서를 쉽게 내 줄까요?"

"그럼, 헤로스 학당까지 넘겨 준다고 해!"

"성주님, 학당을 넘기면 학생들이 아카데미로 다시 갈……."

"내게 생각이 있어. 비밀문서만 볼 수 있다면 다른 문제는 쉽게 해결될 거야."

칼리스에게 아카데미는 꿈이었다. 아카데미를 차지하기 위해서 무슨 방법이든 가리지 않았다. 오랜 세월이 지나 이제는 그 꿈을 이룰 수 있다고 생각했을 때 딕이 그 꿈을 가로막았다. 딕은 아카데미를 함께 다닐 때도 자존심이 강했던 친구였다. 누구에게도 피해를 주지 않았지만, 남에게 당하는 법도 없었다. 그런 딕에게서 아카데미를 넘겨받기란 쉬운 일이 아니었다.

칼리스에게 딕은 한때 우정을 나눈 친구였지만 지금은 장애물에 지나지 않았다. 우정보다는 꿈이 중요했다. 꿈을 위해서라면 우정 따윈 버린 지 오래였다. 자신이 아카데미를 운영한다면 플라톤보다 더 유명해질 자신이 있었다. 더구나 아카데미에 묻혀 있는 보물까지 차지한다면 더 이상 바랄 게 없었다.

칼리스는 아카데미를 생각할 때마다 신경이 곤두서고 잠이 오지 않았다.

딕이 잠자리에서 일어났다.
"숙부님, 너무 중요한 일이라서……."
학장이 편지를 내밀며 말했다.
"칼리스가 주철이를 데리고 있답니다. 우리가 주철이를 찾는 것을 안 모양입니다. 주철이와 헤로스 학당을 줄 테니 비밀문서를 넘기라고 합니다."
딕은 편지를 읽었다. 학장의 말대로 칼리스는 학당을 넘기겠다고 했다. 더 믿을 수 없는 것은, 죽어 가는 주철이를 깊은 산속에서 구했다는 것이다. 딕은 한편으로 잘됐다고 생각했다. 지금이 기회일 수도 있다는 느낌이었다. 딕에게는 비밀문서보다 아카데미가 더 소중했다.
"네 생각은 어떠냐?"
"비밀문서는 절대 안 됩니다. 칼리스의 말을 믿기도 힘들고요."
"나도 같은 생각이다. 하지만 학당에 있는 학생들과 선생님들이 다시 올 수 있다면 비밀문서가 문제겠느냐."
"만약 속임수라면요?"
학장은 칼리스가 그토록 공들인 학당을 통째로 넘겨 준다는 말을 믿을 수 없었다.

"그렇다 해도 아카데미만 넘기지 않으면 괜찮겠지. 보물은 이곳에 묻혀 있을 테니, 이제 문서는 필요 없어. 문서 내용이야 우리가 훤히 알고 있잖느냐."

"그럼 날이 밝는 대로 주철이와 함께 오라고 전하겠습니다."

학장이 어둠 속으로 사라졌다.

"플라톤의 아카데미에 가 보고 싶다고? 동양에서 온 애들이 널 찾고 있다는구나."

"네? 동양에서 온 애들이 절 찾는다고요?"

주철이는 너무 놀라 뛸 듯이 기뻤다. 분명히 혜지와 세민이가 왔을 것 같았다.

주철이와 셀리나는 마차에 올랐다.

"넌, 안 돼!"

리콜라 아저씨가 말에 오르며 딸 셀리나에게 소리쳤다.

"왜요? 아빠!"

"많이 늦을 거야."

아쉬워하는 셀리나를 뒤로하고 마차는 출발했다. 마차 안에는 건장한 남자 여섯 명이 앉아 있었다. 마차는 쉴 새 없이 달려 해가 뉘엿뉘엿 저물어서야 아카데미에 도착했다.

주철이가 마차에서 뛰어내렸다. 그곳에 혜지와 홍주가 서 있었다.

"혜지야! 언제 온 거야?"

"주철아, 괜찮아? 아픈 덴 없어?"

혜지가 주철이의 몸 이곳저곳을 살폈다.

"야, 임마! 넌 혜지만 보이냐? 여기까지 오면서 내가 얼마나 고생한 줄 알아!"

홍주가 앞으로 다가섰다. 주철이는 고개를 돌려 주위를 살피며 물었다.

"세민이는?"

"그 자식이 오겠냐? 얼마나 겁이 많은데."

홍주가 빈정거렸다.

"약속대로 그 문서를 주시오. 우린 시간이 없소!"

리콜라가 소리쳤다. 그러자 주철이를 데리고 온 사람들이 학장과 아카데미 사람들을 에워쌌다.

"학당을 넘기겠다는 문서를 주시오. 그럼 내주겠소."

학장은 대리석 원통을 옆구리에 낀 채 엄숙한 표정으로 말했다.

"그 문서는 성주님이 다음에 보내겠다고 했소. 그러니 어서 넘기시오."

리콜라는 말을 끝내자마자 학장에게 달려들었다. 다른 사람들도 우르르 달려들었다. 학장은 힘 한번 쓰지 못하고 원통을 빼앗겼다. 순식간에 일어난 일이었다.

작전이 너무 쉽게 끝나고 보니 리콜라는 허탈하기까지 했다. 그래서 피식 웃음이 나왔다.

리콜라는 대리석 원통을 말등에 매달린 자루에 넣고 소리쳤다.

"베르네! 저 동양 애들을 어서 마차에 태워라!"

혜지가 뒤로 물러서며 소리쳤다.

"주철아, 어서 뛰어!"

그러나 주철이는 멍하니 움직이지 않았다. 그 순간 베르네가 혜지에게 달려들었다. 혜지는 교실 뒤쪽으로 뛰어가며 리모컨의 노란 버튼을 눌렀다. 화면에 1, 2, 3이 나타났다. 왜 4자가 늦게 나타나는지 알 수 없었다. 혜지는 4자가 나타나자 엔터 버튼을 눌렀다. 그때 무거운 손이 혜지의 어깨를 내리눌렀다. 혜지는 몸을 틀었다. 홍주가 뒤에서 뛰어오고 있었다.

"홍주야, 이걸 받아!"

혜지가 리모컨을 던졌다. 리모컨이 베르네의 손에 걸려 바닥에 툭 떨어졌다. 홍주가 급히 리모컨을 잡으려는 순간 베르네가 먼저 주워들었다. 그 틈에 혜지와 홍주는 있는 힘을 다해 뛰었다.

"베르네, 베르네! 그냥 돌아와!"

리콜라의 고함 소리에 베르네가 돌아섰다. 혜지와 홍주는 건물 담장의 작은 나무 그늘에 웅크려 숨어 있었다. 마차가 지나가고 뒤이어 말을 탄 리콜라가 지나갔다. 혜지가 벌떡 일어섰다.

그때였다. 리콜라의 목에 번쩍 빛나는 칼이 겨눠졌다.

"네 놈들이 이렇게까지 속일 줄은 몰랐다. 약속을 지켜야지!"

나뭇가지에 매달려 칼을 들이댄 사람은 딕이었다. 마차에 탄 사람들이 칼을 빼들고 딕을 에워쌌다. 딕은 리콜라의 등 뒤로 사뿐히 내려앉았다.

"네놈이 칼리스의 집사군. 많이 컸다고는 하지만 아직은 내 상대가 아니야! 마차에 탄 앨 어서 내려놔라!"

리콜라의 목에서 붉은 피가 주르륵 흘러내렸다.

"베르네, 그 아일 풀어 줘!"

리콜라가 소리쳤다.

마차에서 내린 주철이가 딕에게 달려오며 손을 저었다.

"안 돼요! 그 사람은 나쁜 사람이 아니……."

그러자 딕이 칼을 든 손을 내저었다.

"뭐 하고 있는 게야! 이 앨 떼어 내지 않고!"

달려온 혜지가 주철이를 끌고 멀찌감치 떨어졌다.

"너흰 약속을 어겼다. 이건 내줄 수 없다."

딕은 말자루에서 대리석 원통을 꺼냈다.

"그건 안 돼!"

그때 한 무리의 사람들이 칼을 빼어들고 다시 몰려왔다.

"네놈들이 날 이길 수 있다고 생각하느냐? 난 딕이야, 딕 플라토니아란 말이다. 리콜라를 먼저 베고, 너희 모두를 벨 것이다!"

딕의 칼이 리콜라의 목을 벨 듯이 날아왔다. 칼을 든 사람들이 뒤로 흠칫 물러섰다.

딕은 처음부터 속임수가 있을 것이라고 생각했다. 멀리서 마차가 들어오는 것을 보고 커다란 나무 위에 몸을 숨겼다. 나무 위에서 모든 상황을 지켜본 딕은 그들의 속임수에 치를 떨며 때를 기다린 것이다.

"좋다. 너희들은 보내 주겠다. 다만 리콜라는 보낼 수 없다!"

딕은 리콜라를 말에서 끌어내렸다.

"칼리스에게 전해라! 아카데미를 넘보지 않겠다는 각서를 갖고 와서 리콜라를 데려가라고."

딕이 무섭게 노려보자 칼을 든 사람들이 마차 곁으로 살금살금 물러섰다.

혜지가 "리모컨을 찾아야 돼요!"라고 외치며 딕에게 뛰어가려 할 때였다. 주철이가 먼저 딕에게 매달렸다.

"할아버지, 그 사람도 보내……."

"이 녀석이, 그래도 감히!"

딕이 리콜라를 향해 칼을 치켜들자 주철이가 물러섰다. 그 사이 베르네가 탄 마차는 멀어져 갔다.

점이 가리키는 곳은?

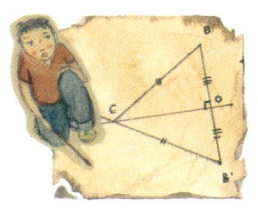

주철이는 아카데미의 곳곳을 돌아다니며 조사를 했다. 학장과 딕은 연못에 커다란 기둥을 세우고 있었다.

주철이는 어제 저녁에 보았던 딕의 모습이 생각났다.

"이것도 각서냐? 이건 협박이야! 저놈을 죽일 거다!"

딕의 모습은 무서웠다. 학장이 말리지 않았다면 칼리스의 편지를 들고 온 사람은 딕의 손에 죽었을지도 몰랐다.

연구실에는 아무도 가까이 갈 수 없었다. 건장한 사람들이 문 앞을 지키고 있었다. 주철이가 딕에게 부탁했다.

"할아버지, 리콜라 아저씨는 저를 살려 줬어요. 제발 아침 식사만이라도……."

"이놈! 네가 간섭할 일이 아니다! 널 이곳에 머물게 한 것간으로도 고맙게 생각해야지!"

딕은 고집을 꺾지 않았다.

주철이가 연구실 주위를 맴돌다가 홍주를 불러냈다.

"너, 수돗탑에서 정문까지 거리를 재 봤니?"

"그건 쟀지. 저 건물만 없다면 찾을 수 있을 것 같은데 저계 문제야."

홍주가 수돗탑 앞을 가로막고 서 있는 교실을 가리켰다.

"찾을 수 있다니, 어떻게?"

"건물만 없다면 정확하게 직선거리를 잴 수 있지. 그럼 찾을 수 있잖아?"

"직선……? 직선이란 말이지? 맞아, 직선이야!"

갑자기 주철이가 홍주의 두 손을 잡고 펄쩍 뛰었다. 주철이는 두 점 사이의 가장 짧은 거리가 직선뿐이라는 것을 미처 생각하지 못했다.

"너, 어떻게 된 거 아냐?"

홍주가 주철이의 반응에 의아해 했다. 하지만 주철이는 다랑곳하지 않고 땅바닥에 그림을 그렸다.

홍주는 그게 무엇인지 바로 알아보았다. 아카데미의 평면三였다. 점 A와 B는 수돗탑과 정문이고, 선분 mn은 연꽃 문양에서 학바위로 쳐 놓은 줄이 분명했다. 점 B′는 점 B에서 선분 mn에

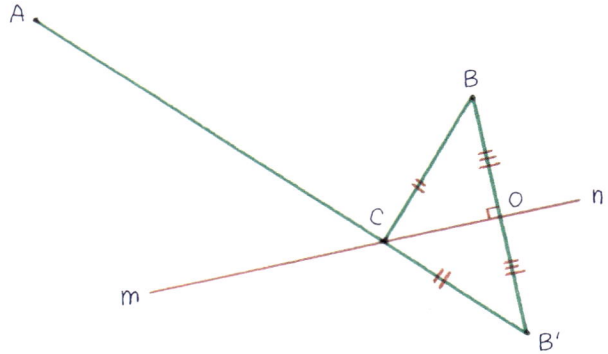

수선을 내린 다음 선분 OB의 길이를 컴퍼스로 재서 그리면 충분했다. 그리고 점 A와 B만 이으면 삼각형이 되었다.

"그런데 주철아, 삼각형 ABC의 세 변의 길이가 가장 짧다고는 할 수 없잖아? 난 그게 의문이다."

"두 점 사이의 가장 짧은 길이는 직선이지? 점 A와 B′를 직선으로 긋고, 선분 CB와 CB′의 길이가 같으니까, 삼각형 ABC의 세 변의 길이는 가장······."

그런데 주철이의 말이 끝나기도 전에 홍주가 뛰쳐나갔다.

"알았어요, 알아냈다고요!"

학장과 딕이 다가왔다. 혜지와 콜린도 놀라서 뛰어왔다. 홍주가 컴퍼스와 자를 가지고 평면도에 작도를 했다.

홍주는 정문에 찍힌 점 B에서 컴퍼스를 이용해 선분 mn에 수선을 내려 만난 점을 O라고 했다. 또 점 B와 O의 길이를 컴퍼스

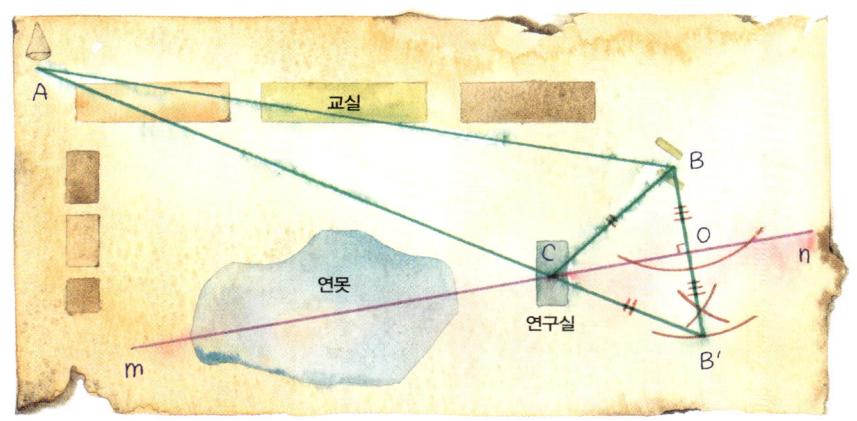

로 잰 다음, 점 O를 중심으로 원을 그려 수선과 만난 점을 B′라 했다. 그리고 점 A와 B′에 자를 대고 직선을 그었다. 선분 AB′와 직선 mn은 연구실 중앙에서 정확히 만났다.

홍주가 연구실 위에 있는 점 C를 가리켰다.

"연못이 아니라, 연구실 아래에 보물이 묻혀 있어요."

"왜 연구실 아래라고 생각하니?"

학장이 물었다.

"선분 AB′는 직선이고 변 CB와 CB′는 길이가 같거든요."

"어떻게?"

"삼각형 BCB′는 이등변삼각형이니까요. 그리고 선분 mn은 삼각형 BCB′를 수직이등분하고요."

"맞아! 두 점 사이의 가장 짧은 길이는 직선밖에 없으니까."

혜지가 덧붙여 말했다. 그제야 학장도 고개를 끄덕였다.

"허허허. 홍주 저 녀석이 결국 풀어냈구나! 풀지 못했다면 어찌 되었을꼬."

딕은 홍주를 업고 덩실덩실 춤이라도 추고 싶었다. 연못의 물을 퍼냈다면 얼마나 많은 사람들이 고생하고, 또 돈은 얼마나 들었겠는가. 홍주가 많은 손실을 막아 준 것이다.

주철이는 순간 기분이 묘했다. 문제를 풀기 위해 발버둥쳤다고는 하지만 딕 앞에서는 태연하게 자기가 푼 것처럼 행동하는 홍주가 얄미웠다. 주철이가 리콜라 때문에 마음이 불편한 것을 홍주도 뻔히 알고 있을 텐데 저렇게 행동하는 게 배신감마저 느껴졌다.

딕이 연구실 쪽을 바라보다가 혼자 중얼거렸다.

"왜 하필이면 자신의 연구실 밑에다 묻었을까?"

연구실은 모든 구조가 감옥처럼 완벽했다. 두꺼운 벽과 철문이 이중으로 되어 있어, 바깥에서 문을 열어 주지 않는 한 누구도 밖으로 나올 수 없었다.

"맞다! 연구실이 틀림없다!"

딕의 얼굴이 밝아졌다. 그러자 학장이 물었다.

"숙부님, 왜 그렇게……?"

"너도 알고 있겠지만, 연구실 왼쪽 벽이 좁은 방 하나 정도로 두껍지 않느냐. 그곳이 틀림없다."

그때 마차 한 대가 정원으로 들어왔다.

"주철아!"

마차에서 내린 사람은 셀리나와 셀리나의 엄마였다. 주철이가 뛰어갔다.

"아주머니, 죄송해요. 어쩔 수 없었어요."

"아니야, 네 잘못이 아냐."

셀리나의 엄마는 오히려 주철이를 위로했다.

"무슨 일로 오셨습니까?"

학장이 물었다.

"학장님, 이쪽은 리콜라 아저씨의 부인과 딸이에요."

주철이가 소개했다.

"학장님이십니까? 칼리스 성주님이 이 편지를 전하라고 했습니다."

셀리나 엄마가 봉투를 내밀었다.

학장이 편지를 읽고는 딕에게 넘겼다.

"부인도 읽어 보셨겠지만, 칼리스가 리콜라를 살리고 싶은 생각이 없나 봅니다. 이것도 각서인가요?"

"전 성주님이 써 주신 것을 그대로 가지고 왔어요. 저희는 성주님이 죽으라고 하면 죽을 수밖에 없습니다. 그분은 우리 가족을 살려 준 생명의 은인이니까요."

부인의 태도는 정중했다.

"아무리 그래도 이건 협박서이지 각서가 아니요! 우린 받아들

일 수 없소! 어서 돌아가시오!"

편지를 읽고 난 딕의 얼굴이 붉어졌다.

"할아버지, 이분은 잘못이……. 여기까지 왔는데 아저씨를 만나고 가도록 해 주시면……."

"이놈도 감옥에 처 넣던지, 내쫓아라!"

주철이의 말에 딕의 얼굴빛이 더욱 붉으락푸르락해졌다. 분위기가 험악해지자 셀리나의 엄마가 눈물을 닦으며 다가왔다.

"남편이 약속을 지키지 못했다는 것을 알고 있습니다. 제가 용서를 빌겠습니다."

셀리나의 엄마와 셀리나가 눈물을 흘리며 돌아섰다.

"할아버지! 아주머니의 남

편을 만나게 해 주세요! 사실은 아까 그 문제 주철이가 풀었어요!"

홍주가 머뭇거리다가 입을 열었다.

그러자 딕의 눈길이 주철이에게서 멀어져 가는 부인에게로 옮겨졌다.

"리콜라를 만나게 해 줘라!"

연구실의 비밀

주철이가 셀리나 모녀를 연구실로 안내했다. 셀리나 모녀는 리콜라의 품에 안겨 슬프게 눈물을 흘렸다. 주철이도 목이 메어 고개를 숙였다. 그런데 연구실 바닥에 삼각형 모양으로 수놓아진 무늬가 눈에 들어왔다.

'아! 이건 분명히…….'

주철이는 연구실에서 급히 빠져 나왔다.

"학장님, 플라톤이 남긴 비밀문서를 좀 볼 수 있을까요?"

학장의 얼굴이 굳어졌다. 연구실에서 나오면서 양피지를 보여 달라고 하니 달가울 리 없었다.

"여기서 잠깐 보고 바로 드릴게요."

"알았다. 따라오너라."

학장이 앞장을 섰다.

양피지의 조각을 잇대어 꿰맨 자국은 연구실 바닥에 있는 무늬와 같았다. 크기만 다를 뿐이었다. 주철이는 실로 꿰맨 자극을 따라가며 읽었다.

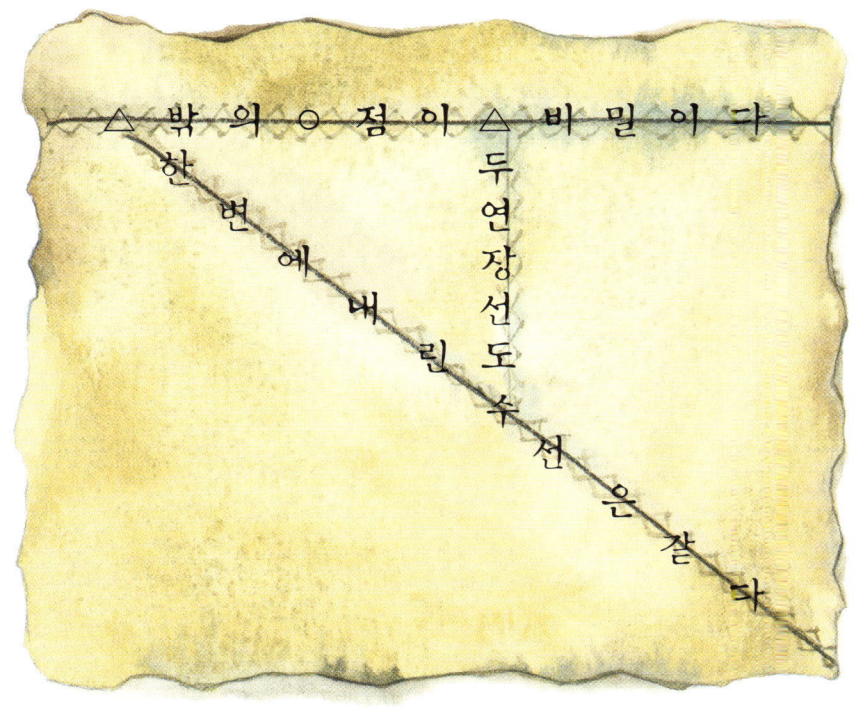

거기에는 '삼각형 밖의 원점이 삼각형 비밀이다. 삼각형 한 변에 내린 수선은 같다. 삼각형 두 연장선도 수선은 같다.'고 쓰여 있었다.

주철이는 문서를 돌려주고 곧장 뛰어가 다시 무늬를 살폈다. 삼각형 밖에 원은 없으나, 삼각형 두 변의 연장선이 벽을 타고 이어져 있었다.

주철이는 다시 연구실 밖으로 나왔다. 학장과 딕이 이야기를 나누고 있었다.

"보물 찾는 방법을 알아냈어요. 연구실에 그 비밀이 있는 것 같아요."

"연구실에 있다는 건 우리 모두 알고 있다. 그런데?"

"아뇨, 연구실엔 더 많은 비밀이 숨어 있는 것 같아요."

"이 녀석이 지금 무슨 말을 하는 거야? 도대체 비밀이 어디에 있다고 호들갑이야!"

딕의 얼굴이 일그러졌다.

"비밀문서를 가지고 연구실로 가 보시면 알게 될 거예요. 연구실 바닥에 수놓아진 삼각형 무늬가 열쇠거든요."

"숙부님, 속는 셈치고 한번 가 보시죠. 전 문서를 챙겨서 뒤따라가겠습니다."

딕이 앞장을 섰다.

연구실에 들어서자 리콜라 가족이 이야기를 나누다가 일어섰다. 딕이 니필스를 불렀다.

"이 사람들을 식당으로 데려가서 점심을 드려라."

니필스가 리콜라 가족을 데리고 나가자 학장이 문서를 펼쳤다.
"이 대리석 무늬에 비밀이 있다고?"
"양피지의 꿰맨 자국과 바닥의 무늬가 같은 모양이잖아요?"
학장이 실로 꿰맨 자국과 바닥의 무늬를 비교했다.
"실로 꿰맨 곳을 따라 문서를 읽어 보세요. 바닥에 수놓아진 삼각형에 대해 써 놓았어요."

딕과 학장이 실로 꿰맨 자국을 따라 읽어 내렸다.

"삼각형 밖의 원점이 삼각형 비밀이다. 삼각형 한 변에 내린 수선은 같다. 삼각형 두 연장선도 수선은 같다."

지금까지 알아내지 못한 확실한 메시지였다. 딕이 물었다.

"네가 이 비밀을 풀 수 있겠느냐?"

"생각을 더 해 봐야겠지만 풀 수 있을 것 같아요."

콜린과 홍주 그리고 혜지가 연구실로 들어왔다. 연구실 안이 소란스러워졌다.

"이제 나가자."

딕은 연구실을 벗어나 곧바로 식당으로 발걸음을 옮겼다. 모두 딕의 뒤를 따랐다. 식당에는 리콜라 가족이 식사를 하고 있었다.

"리콜라, 돌아가거든 칼리스에게 전하게. 어떤 일이 있어도 아카데미는 팔지 않을 거라고. 한 번 더 우릴 방해한다면 그땐 내가 가만있지 않겠다고."

"고맙습니다."

셀리나의 엄마가 빠르게 일어나서 인사를 했다.

"고맙다는 인사는 저 애한테 하세요, 부인. 저 애의 부탁이 너무 간절해서 보내 드리는 겁니다."

딕이 주철이를 가리켰다.

삼각형의 방심이 뜻하는 것

"잘 땐 자야지."

딕의 목소리에 주철이가 소스라치게 놀라 자리에서 벌떡 일어섰다.

"이렇게 슬쩍 들어오시면 어떡해요? 놀랐잖아요!"

주철이는 비밀을 푸는 데 정신이 온통 빠져 있었다. 아무리 생각해 봐도 '삼각형 밖의 원점이 삼각형 비밀이다.'는 말이 비밀의 열쇠라는 확신이 들었다. 그래서 결국 잠을 이루지 못하고 연구실로 올 수밖에 없었다.

"요 녀석아, 내가 몇 번이고 헛기침을 했다. 근데 넌 뭣 땜에 정신을 그렇게 쏙 빼고 앉아 있느냐?"

딕은 잠을 자다 말고 방을 빠져나가는 주철이를 보았다. 아무리 기다려도 돌아오지 않아 연구실로 온 것이었다.

"가서 자고 내일 풀어라. 조금 있으면 날이 밝아 온다."

"비밀을 풀지 못하면 가만두지 않겠다면서요?"

"그땐 내가 화가 나서……."

딕은 언제부턴가 칼리스만 생각하면 화가 났다. 아카데미를 함께 다닐 때는 둘도 없는 친구였다. 칼리스가 공부에서 최고였다면 자신은 운동에서 최고였다. 운동을 좋아하다 보니 아카데미를 조카에게 맡길 수밖에 없었다. 그러다가 딕은 검술에 빠져들기 시작했다. 젊었을 때는 그리스 전역을 돌아다니며 검객들을 상대했다. 물론 뛰어난 사람도 있었지만 대부분 딕을 능가하지는 못했다. 하지만 그것도 오래 가지 못했다. 실수로 상대를 해치게 된 것이다. 그 뒤 아카데미로 돌아와 묵묵히 학생들의 체력을 단련시키고 검술을 지도했다. 그런데 이제 칼리스가 아카데미를 통째로 빼앗으려 하는 것이다. 하지만 주철이로서는 이런 사연을 알 리가 없었다.

"어서 주무세요. 전 이 문제를 풀어야……."

"나도 여기 있으면 안 되겠냐? 조용히 있으마."

주철이는 딕을 쳐다보다가 다시 생각에 빠져들었다. 그렇게 꽤 시간이 흘러갔을 때 혜지와 홍주가 찾아왔다.

"너, 밤 샌 거야? 그럴 줄 알았어. 네가 이런 문제를 놓고 잘 수가 없었겠지."

혜지가 볼멘소리로 투덜거렸다.

"할아버지도 여기서 밤 새셨어요?"

홍주가 물었다.

"그래, 이 녀석아. 넌 잘 잤겠지만……."

"아니, 그럼 나 혼자 그 방에서 잤단 말이에요? 어쩐지 무섭더라."

"이제 와서 무섭다고 하는 거냐? 허허."

모두가 홍주를 보며 웃었다.

혜지는 아침식사를 하다 말고 밖으로 나가는 주철이를 보고 일어섰다.

"어디 가?"

주철이는 연구실로 향하고 있었다.

"또? 그래도 아침은 먹어야지!"

혜지가 눈을 흘겼다.

"아무래도 삼각형 밖에다 원을 그려 봐야겠어."

"그건 왜?"

"비밀문서에 삼각형 밖의 원점이 삼각형 비밀이라고 했으니까."

삼각형의 두 연장선과 그 사이에 낀 변에 내린 수선의 길이가 같다면 세 변에 접하는 원의 중심점이 분명했다.

혜지는 주철이를 따라 연구실로 갔다. 주철이는 바닥에 그려져 있는 삼각형을 종이에 옮겨 그리며 물었다.

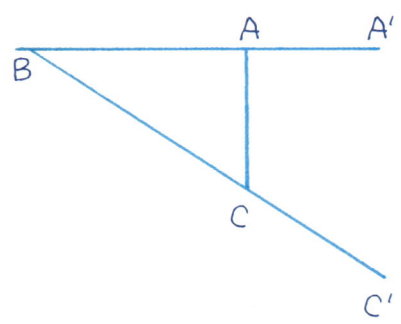

"변 AA′, AC, CC′에 접할 수 있는 원의 중심점을 어떻게 찾지?"

"원을 여러 번 그리다 보면 세 변에 닿는 원이 있을 거 아냐?"

"수학에는 숨겨진 원리나 규칙이 있다고 했잖아. 그걸 찾는 게 더 빠르지 않을까?"

"그럼 변을 이등분……, 아니 각을 이등분 해 봐! 각 B부터."

주철이가 각 ABC를 이등분하기 시작했다.

먼저 점 B를 중심으로 원을 그렸다. 원이 삼각형의 두 변과 만난점을 a, b라 했다. 점 a와 b를 중심으로 같은 크기의 원을 그려, 두 원이 서로 만난 점과 점 B를 직선으로 이었다. 각 ABC가 이등분되었다. 같은 방법으로 각 A′AC와 각 C′CA의 외각도 이

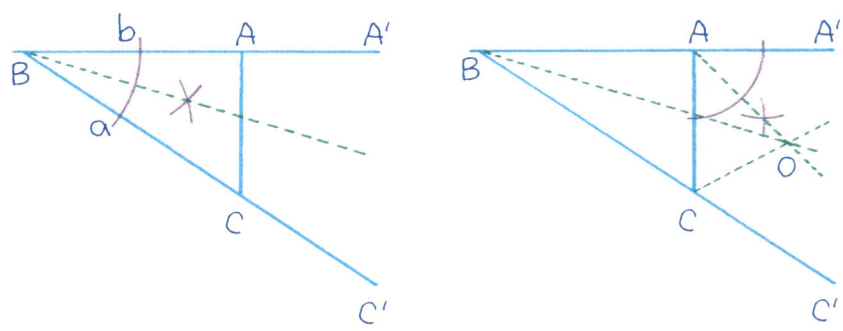

등분했다. 이등분한 세 선분이 한 점 O에서 만났다. 주철이가 숨을 깊게 내쉬었다.

"어서 원을 그려 봐!"

혜지가 재촉했다. 점 O를 중심으로 원을 그렸다. 원이 세 변을 스치고 지나갔다. 세 변이 원에 접한다는 것은 원점에서 세 변에 내린 수선의 길이가 같다는 뜻이었다.

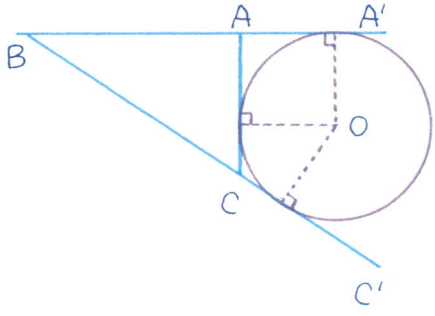

"야! 됐다, 됐어!"

혜지와 주철이가 밖으로 뛰쳐나갔다.

"찾았어요! 찾아냈다고요!"

딕과 학장이 헐레벌떡 뛰어왔다.

"잠깐만요."

주철이와 혜지가 줄을 이용해 바닥 무늬에다 작도를 시작했다. 주철이와 혜지의 손발이 척척 맞았다. 콜린과 홍주의 얼굴이 상기되었다. 세 각을 이등분한 선분은 연구실 벽의 윗부분에서

만났다. 주철이가 받침대에 올라가 만난 점에 손가락을 대고 물었다.

"이 대리석 조각이에요. 어떡할까요?"

주철이가 다시 물었다.

"한번 눌러 볼까요?"

딕과 학장이 고개를 끄덕였다.

주철이가 가만히 눌렀다. 아무 일도 일어나지 않았다. 주철이가 힘을 주어 다시 누르자 삼각형 모양으로 깎인 대리석 조각이 안으로 조금 밀려 들어갔다. 보고만 있던 딕이 나섰다.

"비켜 봐라."

주철이가 받침대에서 내려왔다. 딕이 힘껏 누르자 대리석 조각이 안으로 쑤욱 밀려 들어갔다. 잠시 뒤 돌이 굴러가는 요란한 소리가 벽에서 들려왔다.

"드르르르르르렁, 덜컹!"

놀랍게도 벽 한쪽이 뒤로 밀려나기 시작했다.

"문이다! 문이 생겼다!"

모두 벽이 밀려난 쪽으로 모여들었다. 두텁고 견고하던 벽이 서서히 열리더니 작은 공간이 생겨났다.

철학자들이 남긴 보물

통로는 아래로 내려가는 계단이었다. 한 계단, 한 계단 내려서는 학장의 가슴이 심하게 뛰었다.

'도대체 저 안엔 어떤 보물이 들어 있을까. 소문이 사실이라면 엄청난 보물이 있을 것이다.'

학장이 지하실에 이르렀을 때, 놀라지 않을 수 없었다. 방은 넓고도 환했다. 이백여 년 동안 땅속에 묻혔던 방이 이처럼 환할 수 있을까. 모두들 푸르스름한 빛이 내리비치는 천장을 올려다 보았다. 거미줄과 먼지가 잔뜩 낀 사이로 광석이 빛을 뿜어내고 있었다. 일곱 개의 둥근 광석은 국자 모양으로 박혀 있었다.

벽 쪽에는 두루마리들이 선반에 차곡차곡 쌓여 있었고, 두꺼운 책도 보였다. 하지만 보물을 담아 둔 상자나 다른 곳으로 통하는 문은 보이지 않았다. 보물이라고 생각되는 것은 천장에 박혀 있는 푸른 광석뿐이었다. 그리고 광석 아래에는 커다란 책상이 놓여 있었다. 딕이 책상 위로 올라가 광석에 낀 거미줄과 먼지를 쓸어 냈다. 그러자 광석의 빛이 더욱 밝아졌다.

"저건 소크라테스의 유물이고, 이건 플라톤의 유물이군."

학장이 선반 쪽으로 다가섰다. 선반 위쪽 모서리에 세 개의 표가 붙어 있었다. 표마다 각각 소크라테스, 플라톤, 아리스토텔레스라고 쓰여 있었다. 학장이 그중 플라톤의 선반에서 두루마리 한 개를 꺼내 펼쳤다. 그러자 모두 선반으로 다가갔다.

"아리스토텔레스가 플라톤의 제자 아니니?"

혜지가 작은 소리로 주철이에게 물었다.

"그렇단다. 플라톤은 소크라테스의 제자이고, 아리스토텔레스는 플라톤의 제자지."

학장이 대답했다.

"그럼 삼대가 모였네요? 스승과 제자 사이 말이에요."

"그렇지, 삼대가 되겠지. 이렇게 좋은 유물이 이곳에 있을 줄이야."

플라톤은 수학, 철학, 생물학, 정치학, 천문학 등 폭넓은 학문을 연구했다. 학장은 플라톤의 기록을 찾아 오랫동안 여러 곳을 찾아 헤맸다. 그러나 중요한 것은 찾지 못했다. 이 자료들만 있

었어도 학생들을 더 잘 가르칠 수 있었을 것이다. 더구나 이곳에는 소크라테스와 아리스토텔레스의 유물까지 있다. 보물은 바로 이것이었다.

"이런 것을 그려 놓다니."

홍주가 책장을 넘기다 말고 중얼거렸다. 책에는 동물과 사람의 몸을 해부해 놓은 그림이 있었다.

"홍주야, 그건 의술을 연구한 귀중한 보물이다. 조심히 다루거라!"

"골동품으로 괜찮을지 몰라도 이게 무슨 보물이에요?"

"그래도, 요 녀석이! 아리스토텔레스는 의학도 깊이 연구했다. 이것만 있으면 수많은 병자들을 치료할 수 있을 거다."

딕은 유물 하나하나를 보물처럼 다루었다.

그런데 책에 집중하고 있는 사이, 천장에서 돌 굴러가는 소리가 들렸다. 홍주가 계단으로 뛰어 올라갔다. 주철이도 뒤따랐다.

"앗! 벽이 닫혀 버렸어요!"

홍주의 고함 소리가 지하에 쩌렁쩌렁 울려 퍼졌다.

"비켜 봐라! 내가 어떻게 해 보마!"

딕이 아이들을 밀쳐 내고 벽을 살폈다. 벽은 완전히 막혀 틈새 하나없이 이어져 있었다. 조금의 틈도 보이지 않고, 어떤 장치도 없었다. 힘껏 밀어 보았지만 벽은 꿈쩍도 하지 않았다. 모두들 당황해서 웅성거리기 시작했다.

"내려가서 다시 봐야겠어요. 분명 나갈 수 있는 길이 있을 거예요."

혜지가 지하로 뛰어 내려갔다. 모두들 지하 구석구석을 우왕좌왕하며 뒤지기 시작했다.

"여기 뭐가 있어요!"

콜린이 벽에 끼어 있는 먼지를 손으로 털어냈다. 거기에는 작은 글씨로 써 내려간 글이 적혀 있었다.

지혜로운 자여, 보아라!

나, 아리스토텔레스는 스승님의 유언을 받들기 위해 이 글을 남기노라!
그대가 좋든 싫든 나를 대신해서 스승님의 유언을 받들게 되었노라! 아카데미를 발전시킬 수 있는 단서를 찾아라! 가장 잘 보이고 안전한 곳에 있다.
그대가 우연히 이곳에 들어오게 되었다면
이 글을 읽는 동안 운명은 이미 결정되었으리라!
서둘지 말고 지혜로 찾아라! 그대가 이곳에서

> 원하는 것은 오직 아카데미를 발전시킬 수 있는 단서뿐이노라.
> 그렇지 않으면 그대는 이곳에 영원히 묻히게 되리라!
> 그대의 값진 방문의 의미를 스스로 깨닫기 바라노라!

간단명료한 메시지였다. 선택은 오직 하나뿐, '아카데미를 발전시킬 수 있는 단서'를 찾는 것이었다.

혜지가 글을 읽는 동안 주철이는 주위를 살폈다.

"가장 잘 보이고 안전한 곳이라."

주철이가 작은 소리로 중얼거리다가 다른 쪽 벽의 먼지를 쓸어 냈지만 벽이나 바닥에도 아무런 단서가 없었다.

"천장일 거야! 천장을……."

홍주의 말이 끝나기도 전에 딕이 책상 위로 올라가 웃옷을 벗어 천장의 먼지를 걷어 냈다. 먼지가 방 안에 자욱했다. 천장에는 국자 모양의 광석 외에는 아무것도 없었다. 힘을 합쳐 책상을 옮겼지만 책상과 의자가 놓였던 자리에도 눈에 띌 만한 게 없었다. 선반에 쌓인 두루마리와 책을 꺼냈다. 그곳에도 단서가 될 만한 것은 없었다.

혜지는 더럭 겁이 났다.

'아리스토텔레스의 말대로 정말 이곳에 영원히 묻히게 되는

건 아닐까.'

"여기 있는 두루마리와 책을 읽어 보면 어떨까요?"

홍주가 의견을 내놓았다.

"맞아! 왜 그 생각을 못했지."

그런데 두루마리와 책은 너무 많았다. 두루마리와 책을 다 읽으려면 며칠이 걸릴지 알 수 없었다. 혜지가 나서서 일을 나눴다.

"아리스토텔레스가 남긴 것은 홍주와 학장님이 읽고, 플라톤이 남긴 것은 주철이와 내가 읽을게요. 그리고 소크라테스 것은 할아버지와 콜린이 읽도록 해요."

각자 맡은 대로 읽기 시작했다. 시간이 꽤 흘렀다. 배도 고프고 졸음이 쏟아졌다. 혜지와 콜린은 어느새 벽에 기대 졸고 있었다.

삼각형의 수심이 뜻하는 것

'아리스토텔레스 말대로 이곳에 영원히 묻히게 된다면 어떻게 될까. 리모컨만 빼앗기지 않았다면 집으로 돌아갈 수 있었을 텐데. 엄마, 아빠는 얼마나 기다리고 계실까.'

"너, 어쩔 거야? 이제 어떻게 빠져 나갈거야!"

홍주는 잔뜩 겁먹은 얼굴로 주철이에게 따지고 들었다. 주철이도 후회가 밀려들었다.

'차라리 연구실 벽의 비밀을 몰랐거나 풀지 못했다면 좋았을 걸.'

자기 때문에 사람들이 희생될 수도 있다는 생각에 수렁으로 아득하게 빠져드는 것 같았다.

주철이는 벽에 기대 천장을 올려다보았다. '가장 잘 보이고, 안전한 곳'이라고 생각되는 곳은 모두 살펴보았다. 하지만 아무런 단서도 찾지 못했다.

"가장 잘 보이는 곳은 서서 보면 벽이나 바닥이고, 누워서 보면 천장인데 어디를 말하는 거지?"

홍주의 말에 주철이가 바닥에 누워 위를 올려다보았다.

"여기다! 여기에 있어요!"

어느새 주철이는 책상 밑에 들어가 있었다.

"책상을 뒤집어야겠어요!"

책상 밑에 삼각형과 작은 글씨가 선명하게 쓰여 있었다.

"세상에! 이런 곳이 가장 잘 보이고 안전한 곳이라고?"

홍주가 투덜거렸다.

아리스토텔레스의 말은 틀리지 않았다. 누워서 본다면, 서랍이 없는 책상 밑은 천장 못지않게 잘 보이는 곳이었다.

혜지가 글을 읽었다.

지혜로운 자여, 환영하노라!

내 인생에서 가장 값지고, 뜻있게 보낸 곳은 그림자가 생기지 않는 이 방이었노라.

> 이곳에서 세상을 보면, 멀고 먼 미래가 보였노라!
> 하지만 난 먼 미래는 갈 수 없노라.
> 그래서 이곳에 남기노라!
> 이제부터 네가 아카데미의 주인이다.
> 지혜로운 자여!
> 아카데미를 발전시켜 사람들이 지식을 얻도록 하라!
> 지식은 지혜의 바탕이 될지니,
> 지혜를 스스로 깨닫도록 하라!
> 인간이 복되게 가는 길은 지혜뿐,
> 이것이 내가 바라는 바다.
> 모든 것은 나의 사랑하는 제자, 아리스토텔레스가
> 너를 안내하리라. 그의 말에 따르라!

혜지가 글을 읽다 말고 물었다.

"아리스토텔레스가 우릴 안내한다고? 대체 어디로 안내한다는 거야?"

"혹시 아리스토텔레스가 보물을 슬쩍한 것 아닐까?"

"그게 무슨 못된 소리냐! 그랬다면 단서를 찾으라고 했겠느냐?"

딕이 눈을 치켜뜨며 홍주를 꾸짖었다.

"그렇잖아요. 이 방에는 보물도, 보물 지도도 안 보이는데……."

"그래도 요 녀석이!"

주철이가 플라톤이 남긴 문제를 읽었다.

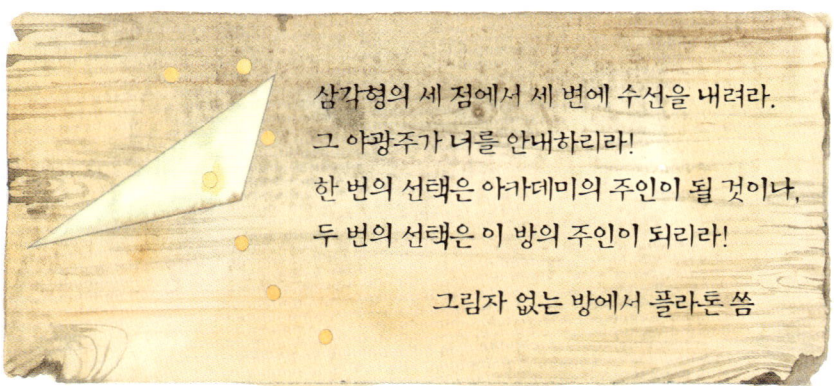

"한 번의 선택은 아카데미의 주인이 되나, 두 번의 선택은 이 방의 주인이라고? 도대체 무슨 뜻일까?"

홍주가 야광주를 가리켰다.

"저게 엄청 비싼 모양이지. 한 개만 가지고도 아카데미를 발전시킬 수……."

듣고 있던 혜지가 홍주의 말을 가로챘다.

"그런 뜻이 아닌 것 같아. 혹시 한 번만 선택하라는 뜻 아닐까? 아리스토텔레스도 말했잖아. 우연히 들어왔다면 이곳에 영원히 묻힐 수 있다고."

혜지의 말이 맞았다. 한 번의 선택으로 빠져나가지 못하면 이 방에 갇히게 된다는 말이 틀림없었다.

"세 점에서 세 변에 수선을 어떻게 내리지?"

주철이가 물었다.

"이건 아카데미 정문에 걸린 문제와 비슷한데."

홍주가 플라톤이 그려놓은 삼각형 세 변의 크기를 컴퍼스로 재서 종이에 옮겨 그려 놓고 수선을 내렸다.

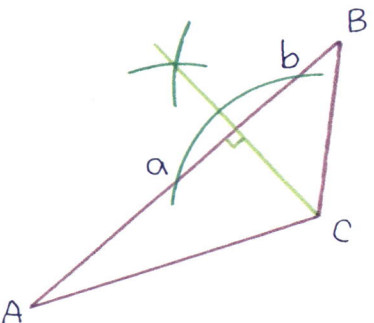

먼저 꼭지점 C를 중심으로 원을 그린 다음, 변 AB와 만난 점을 a, b라 했다. 점 a, b에서 같은 크기의 원을 그려 서로 만난 점과 점 C를 이었다. 점 C에서 변 AB에 수선을 내렸다.

그런데 문제가 생겼다. 점 B에서 수선을 내리기 위해 원을 그렸는데 변 AC 밖으로 그려지는 것이었다. 홍주가 머뭇거렸다.

"뭐해! 변 AC의 연장선을 그려야지."

혜지가 다그쳤다.

"맞아, 연장선!"

홍주가 변 BC와 AC에 연장선을 그었다. 그리고 점 B와 A에서도 수선을 내렸다. 세 꼭지점의 수선은 점 O에서 만났다.

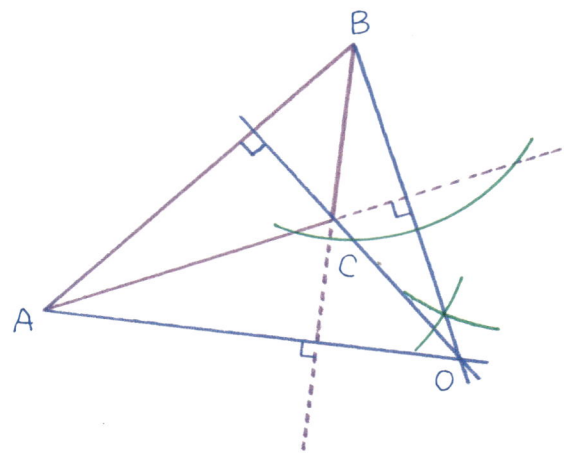

"어서 북두칠성도 옮겨 그려 봐!"

혜지가 재촉했다. 홍주가 가장 위에 있는 별부터 컴퍼스로 길이를 재서 옮겨 그렸다.

첫 번째 별인 두베*가 점 C에서 내린 수선에 닿았다. 두 번째 별부터 여섯 번째 별까지는 수선에 닿은 별이 없었다. 마지막에 알카이드*를 작도했다. 점 O 위에 그려졌다.

"저 야광주야!"

갑자기 홍주가 벌떡 일어서서 알카이드를 가리켰다. 야광주가 더 밝게 빛나고 있었다.

딕이 책상 위로 올라가서 야광주를 눌렀다.

"드르르르르렁 컹!"

※ **두베** : 북두칠성의 머리 쪽에 있는 네 개의 별 가운데 큰 별
※ **알카이드** : 북두칠성의 일곱째 별

돌 구르는 소리가 머리 위에서 들렸다.

"저길 봐! 저기에 보물이……!"

혜지가 소리치며 재빨리 다가갔다. 아리스토텔레스가 써 놓은 글 부분의 벽면이 앞으로 밀려나왔다. 책상 서랍을 끌어당겨 놓은 것과 같았다. 혜지가 두루마리 한 개와 책 두 권을 꺼냈다. 두루마리와 책은 이 방에서는 가장 안전한 곳에 보관되어 있었다.

학장이 두루마리를 펼쳤다.

스승님의 유언을 받드노라!

난 알렉산드로스의 스승이었다. 제자가 숨기고자 하는 것을 알려서는 안 되지만 스승님의 부탁이기에 알리노라!

이 비밀의 열쇠는 알렉산드로스의 아버지인 필리포스 왕의 부탁을 받고 스승님이 만드셨다.

스승님은 오랫동안 이곳에서 삼각형을 이용한 비밀의 열쇠를 연구하여 완성했다.

하지만 열쇠를 이용해서 만든 시설은 보지 못하고 돌아가셨다. 알렉산드로스는 이 비밀의 열쇠로 마케도니아의 암피폴리스에 있는 팡가이온 금광에 방을 만들었다.

그 방은 보물을 보관할 수 있는 방이었다.

그 시설을 만든 사람들은 비밀을 유지시키기 위해 모두……

"벽이 열렸어요! 어서 나와요, 어서요!"

홍주가 계단에서 소리쳤다.

"나머진 이대로 두고 우선 밖으로 나가자. 이곳이 가장 안전할 테니까."

딕이 책을 옆구리에 끼고 말했다. 학장은 나가면서도 몇 번이고 뒤를 돌아보았다.

"벽을 닫아 놔야 할까요?"

주철이가 물었다.

"그럼 닫아야지."

지하로 내려갈 때 안으로 밀어 넣었던 삼각기둥이 밖으로 튀어나와 있었다.

딕이 받침대 위로 올라가 삼각기둥을 밀었다. 벽이 스르르 앞으로 밀려나와 약간의 틈도 없이 완벽하게 하나의 벽이 되었다.

아침 햇살이 눈부셨다. 그 사이 하루가 지난 모양이었다. 홍주는 크게 숨을 들이 쉬다가, 두 팔을 벌리고 비행기 날아가는 '윙' 소리를 내며 운동장을 한 바퀴 돌았다. 그 모습에 모두가 유쾌하게 웃었다.

모두들 지하에서 가지고 온 두루마리와 책을 읽었다. 두 권의 책은 플라톤과 아리스토텔레스가 일기 형식으로 써 놓은 것이었다. 주철이는 곯아떨어져 하루 종일 잠에서 깨어나지 못했지만 혜지와 홍주는 두루마리를 다시 읽었다.

알렉산드로스는 여러 나라를 정복하여 많은 전리품을 방에 보관하고 있다. 방을 열 수 있는 열쇠는 여섯 개의 정삼각형에서 변 두 개씩을 옮겨 붙여, 정삼각형 하나씩을 줄여 가는 것이다.
다만 마지막 남은 삼각형 두 개를 하나로 만들려고 애쓰지 마라!

하나는 필리포스,
다른 하나는 알렉산드로스의 것이며 열쇠는 없다.

혜지와 홍주는 삼각형 여섯 개를 살펴보았다.
"변 두 개를 어디서 옮기지?"

"이건 쉬운데. 육각형에서 변 두 개만 지우고 삼각형 하나만 더 그리면 되잖아."

홍주가 삼각형 다섯 개를 그려 냈다.

변 두 개를 지워 삼각형 다섯 개를 쉽게 만들었다. 그러나 또 변 두 개를 지워 삼각형 네 개를 만드는 것은 쉽지 않았다.

"주철이를 깨울까?"

혜지의 말이 끝나기가 무섭게 홍주가 주철이를 흔들었다.

"임마, 일어나! 무슨 잠을 그렇게 자냐?"

주철이가 기지개를 켜며 일어났다.

"이것 좀 풀어 봐! 여기서 변 두 개를 옮겨 삼각형 네 개를 만들라는 문제야."

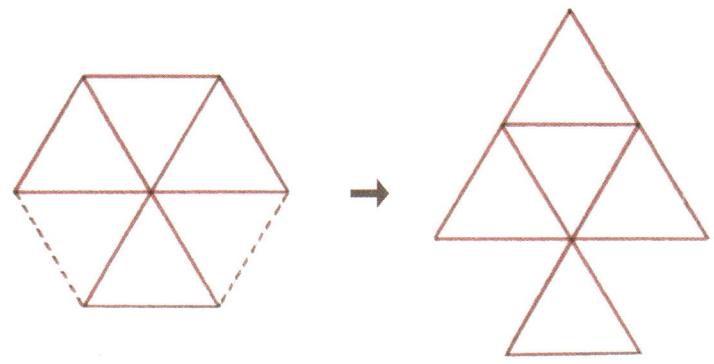

홍주가 그림을 내밀었다. 그런데 주철이는 멍하니 그림을 보다가 밖으로 획 나가 버렸다.

"하긴, 너라고 별 수 있겠냐? 그나저나 플라톤은 어떻게 이런 문제를 만들었지?"

"플라톤은 컴퍼스와 눈금 없는 자만 있으면 세상에 존재하는 모든 도형뿐만 아니라, 혜지의 얼굴 모양 같은 달걀도 그릴 수 있다고 했다."

학장이 말했다.

"헉, 혜지 얼굴이 달걀형이라고요? 그럼 미인이게요?"

"혜지가 예쁘지 않니?"

"예쁘다고요?"

홍주가 배꼽을 움켜지고 허리를 굽히며 "욱!"하고 소리를 냈다.

"예쁘잖아. 저렇게 예쁜 앤 처음 보는걸!"

콜린은 혜지를 처음 볼 때부터 예쁘다고 생각했다. 그래서 할아버지 몰래 빵을 연구실로 가져다 준 것이었다.

"너, 혜지 좋아해? 근데 어쩌나, 저 앤 주철일 좋아하는데."

"혜지가 주철일 좋아한다고?"

콜린의 눈이 커졌다.

"누가 그래? 내가 주철일 좋아한다고."

혜지가 주먹을 쥐고 홍주에게 달려들었다. 홍주는 혜지 쪽을 향해 엉덩이를 흔들어 대다가 슬쩍 피했다.

그때 주철이가 크기가 같은 막대 열두 개를 가지고 들어왔다.

"이것으로 놔 보면 쉽게 알 수 있을 거야."

"역시 주철이야! 홍주 머리론 생각도 못 했을걸."

혜지가 주철이를 치켜세웠다.

"우와, 너 진짜……. 아무래도 수상해. 너희 둘 좋아하는구나! 그러니 세민이가 여길 오고 싶었겠냐?"

"너, 이리 안 와!"

혜지가 달려들자, 홍주는 낄낄거리며 밖으로 도망쳤다.

마케도니아를 향해

식탁에는 싱싱한 과일과 갓 구운 빵, 그리고 먹음직스런 양고기 구이가 그득했다.

"참으로 고맙다. 너희들이 아니었으면 아직까지도 비밀을 풀지 못했을 거다. 이젠 마케도니아에 가서 직접 찾아봐야 하지 않겠느냐?"

학장이 아이들의 눈치를 살폈다.

"숙부님과 밤새 의논했는데 다른 방법이 없었다. 너희들이 같이 가야 보물을 쉽게 찾을 수 있을 것 같다고 생각했다. 만약 알렉산드로스 대왕의 보물을 찾는다면 어마어마할 거야. 너희들에게도 나눠 주마."

혜지는 주철이와 홍주를 번갈아 보았다. 주철이는 조용히 식사를 하고 있었고, 홍주의 얼굴에는 기쁨이 가득했다.
"저희에겐 뭘 주실 건데요?"
홍주가 물었다.
"요 녀석 봐라! 너에겐 가장 비싼 걸 주마."
"그럼, 이 애들은요?"
딕의 말에 홍주가 다시 물었다.
"이 애들이 모두 갖겠다면 할 수 없지. 모두 얘들 게 될 수도 있으니까. 플라톤은 지혜로운 자가 아카데미의 주인이고, 보물은 아카데미를 위해 써야 한다고 했잖느냐?"
"그건 불공평해요. 다 같이 고생하고 문제도 같이 풀었는데……."
"그러니까 너도 열심히 풀어 보렴."
학장이 말을 이었다.
"출발은 오늘 밤이다. 지금부터 준비하면 충분할 거야."
"하필이면 왜 밤이에요?"
밤에 출발한다는 말에 혜지의 신경이 곤두섰다.
"아무래도 캄캄한 밤이 나을 것 같구나. 칼리스 부하들이 이곳을 계속 기웃거리고 있어서 말이야."

드디어 날이 어두워졌다. 딕과 학장이 앞장을 서고, 세 아이들과 콜린이 뒤를 따랐다. 페리도 콜린 옆에서 졸졸졸 따라왔다. 길은 산속으로 나 있었다. 발자국 소리와 이따금 이름 모를 벌레들의 소리만이 들려왔다. 한참을 걸어가다 홍주가 불평을 터뜨렸다.

"어휴, 걸어서 마케도니아까지 어떻게 가요? 그리스 국경에 있다 해도 너무 멀잖아요?"

"그럼 걸어가야지, 마차라도 타려 했느냐?"

딕이 홍주를 꾸짖었다. 혜지도 머릿속이 복잡했다. 걸어서 마케도니아까지 가려면 한 달도 넘게 걸린다고 했다. 한 달 이상 걷는다면 다다르기도 전에 지쳐 버릴 것이다.

"그럼 잠은요?"

"머물 곳을 못 찾으면 숲에서라도 자야지. 가기 싫으면 넌 여기 남던지?"

"네? 그런 게 어딨어요!"

홍주는 금방 시무룩해져서 뒤를 따랐다. 앞장서서 걷던 학장이 걸음을 멈추었다.

"숙부님, 여기가 아닌가요?"

"이곳이 맞다. 이제 곧 올 거다. 누가 볼까 봐 숲 속에서 기다리라고 했으니. 아, 저기 오는군."

어둠 속에서 말 두 필이 끄는 마차 한 대와 말 한 필이 소리 없이 숲 속에서 내려왔다. 마차 지붕 위에는 많은 짐이 실려 있었다. 마차는 니필스가 몰고 있었고, 말은 리처드 선생이 끌고 있었다.

"리처드 선생님, 힘들겠지만 아카데미를 잘 부탁하오."

"염려 마시고 잘 다녀오세요."

딕이 말에 오르자, 마차는 출발했다. 마차 안에는 등불이 매달려 있었고, 많은 짐들이 사방에 묶여 있었다.

"그럼 그렇지. 히히, 뭔가가 있을 줄 알았지."

홍주가 밝게 웃었다.

마차는 산길을 덜컹거리며 달렸다. 갑자기 자리를 잡은 주철이가 막대를 꺼냈다.

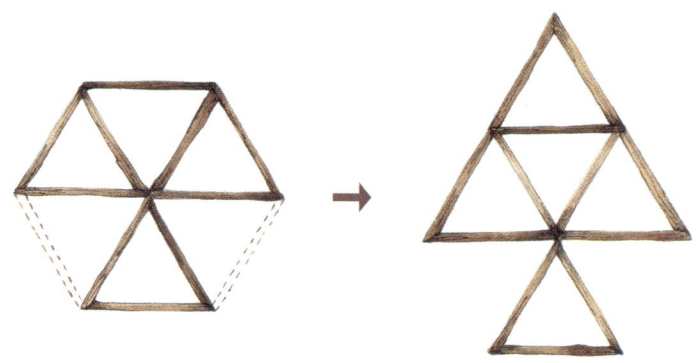

"삼각형 다섯 개를 이렇게 그렸지?"

학장과 아이들이 주철이 주위로 모여들었다.

"그래, 이제 네 개로 만들어 봐."

홍주가 더욱 가까이 다가왔다.
"어디서 막대 두 개를 떼어 내지?"
"막대를 떼어 내도 삼각형이 될 수 있는 곳이 아닐까?"
주철이의 물음에 혜지가 대답했다.
"이것을 두 개 떼어서 여기 붙이면 되잖아."
콜린이 막대 두 개를 떼어 내 옆에다 붙였다.

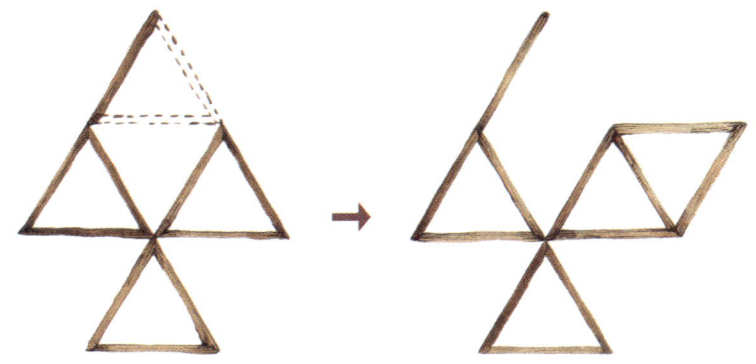

"야, 됐다! 이렇게 쉬운 건데 괜히 힘들어 했네."

홍주가 호들갑을 떨었지만, 혜지는 고개를 저었다.

"아냐. 삼각형은 네 개지만, 여기 필요 없는 막대가 있잖아."

콜린의 얼굴이 붉어졌다. 혜지 앞에서 잘하는 모습을 보이고 싶었지만 마음대로 되지 않았다.

주철이가 막대를 다시 옮겨 삼각형 다섯 개를 만드는데, 혜지가 소리쳤다.

"잠깐만! 이렇게 놓으면 되잖아."

혜지가 콜린이 움직였던 막대를 위쪽에 놓자 마침내 삼각형 네 개가 되었다. 콜린이 좋아하며 박수를 쳤다.

"혜지 넌 좋겠다. 두 남자가 널 좋아해서."

홍주가 싱글거리며 혜지를 놀렸다.

"너, 가만 안 둬!"

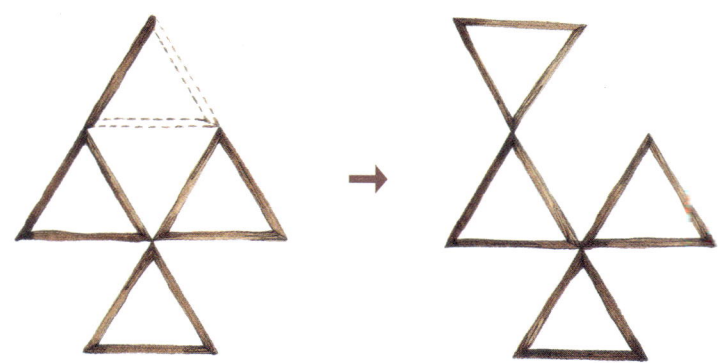

혜지가 씩씩거리며 달려들자 홍주가 학장 뒤로 피하며 소리쳤다.

"학장님! 저 앤 칭찬해 줘도 절 때리려고만 해요!"

덜커덩거리며 달리던 마차가 멈췄다.

"숙부님, 여기서 자고 가려고요?"

"그래, 아무리 칼리스라 해도 이곳은 모를 거다."

골목길 끝자락에 있는 아담한 숙소였다. 집 안에서 사룬이 나와 일행을 맞이했다.

달걀의 황금비

아카데미를 떠나온 지 6일째가 되었다. 마차는 계속 산속을 달렸다.

"니필스, 속도를 더 내거라!"

딕이 앞장을 섰다. 얌전하던 페리가 심하게 짖었다. 학장은 심각한 얼굴로 페리가 짖어 대는 쪽을 바라보았다.

"너 지겹지도 않니?"

다시 막대를 옮기고 있는 주철이를 보며 혜지가 고개를 절레절레 저었다. 이제는 학장이나 콜린도 지친 모양이었다. 어서 목적지에 도착했으면 하는 기대만으로 버티고 있었다.

"쉽게 풀릴 것 같은데…… 잘 안 되네."

주철이가 막대를 치웠다.

"이것 봐! 달걀은 이렇게 그려야겠지?"

혜지가 끝이 뾰족한 타원형 그림을 내보였다.

"어! 비슷한데. 어떻게 그렸어?"

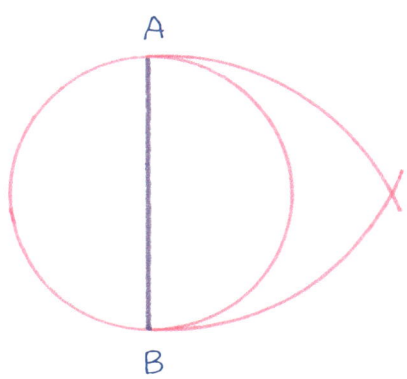

주철이는 속으로 웃음을 삼켰다. 얼굴이 달걀형이라고 해서 그런지 달걀을 그려 보려고 애쓰는 혜지가 왠지 우스꽝스러웠다.

"먼저 적당한 크기의 원을 그리고, 원의 지름을 반지름으로 하여 점 A, B에서 원을 그린 거야."

"이 뾰족한 부분만 둥글게 만들면 되겠는데?"

주철이가 두 원이 만난 부분을 가리키다가 소리나는 쪽으로 고개를 돌렸다.

"한 번만 타 볼게요. 가르쳐 주세요, 네?"

홍주가 딕에게 말 타는 방법을 가르쳐 달라고 조르고 있었다.

"안 돼! 말에서 떨어지면 크게 다친다!"

하지만 홍주는 끈질겼다. 견디다 못한 딕이 조건을 내걸었다.
"그럼, 네가 삼각형 문제를 풀면 말 타는 법을 가르쳐 주마."
"그 문제는 잘못된 거예요."
"그렇게 생각하니? 하지만 그 문제는 플라톤이 만들었고, 아카데미를 위해 남긴 거야."
"플라톤은 엉터리예요! 컴퍼스와 자로 달걀을 그릴 수 있다고 하질 않나."
"네 이놈! 누가 엉터리라는 거냐? 네놈이 엉터리지! 못 풀면 못 푼다고 할 것이지 어디다 핑계를 대!"
홍주는 금세 풀이 죽어 시무룩해졌다.

이상한 일이었다. 시간이 지날수록 페리의 짖는 소리가 잦아졌다. 산 아래를 지나갈 때는 산봉우리를 향해 마구 짖어 댔다.
페리가 겁에 질려 있는 듯하자, 니필스가 마차의 속도를 늦추었다.
"니필스, 어서 마차를 몰아라!"
딕이 서둘러 앞장을 서자, 마차는 다시 속력을 내기 시작했다.
"야, 그렸어! 달걀을 그렸어!"
주철이가 외쳤다. 혜지로부터 부탁을 받은 지 나흘 만에 해냈다.
"뭐야! 달걀……?"

사람들이 모여들었다.

"달걀 모양이 참 아름답구나."

학장의 말을 듣고 콜린이 소리쳤다.

"할아버지, 달걀을 그렸어요!"

"워워!"

달리던 마차가 멈추고, 딕이 마차 안으로 들어왔다.

"달걀을 그렸다고?"

"주철이가 해냈어요."

콜린이 그림을 내밀었다.

"정말 아름답구나!"

딕이 감탄했다. 혜지가 주철이 곁으로 다가왔다.

"어떻게 그렸어? 다시 한 번 그려 봐!"

주철이가 달걀을 다시 그렸다.

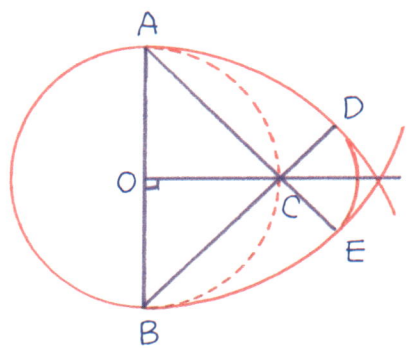

처음에 적당한 크기로 원을 그렸다. 컴퍼스로 지름 AB의 길이를 잰 다음, 점 A와 B를 중심으로 원을 그려 두 원이 만난 점과 원점 O를 이었다. 지름 AB가 수직이등분된 선분과 원주가 만난 점을 C라 했다.

점 C를 지나는 선분 A와 E, B와 D를 그었다. 그리고 컴퍼스로 점 C를 중심으로 점 D에서 E까지 원을 그렸다. 이렇게 해서 달걀을 완성하였다.

"봐라! 자와 컴퍼스만으로도 달걀을 그릴 수 있지 않느냐? 플라톤이 누구냐?"

딕이 나무라자, 홍주는 입을 삐죽거리며 다시 시무룩해졌다.

혜지는 틈만 나면 달걀을 그렸다. 어떤 땐 달걀에 눈, 코, 입 등을 그리기도 했다.

"길이는 왜?"

혜지가 달걀 길이를 재는 것을 보고 주철이가 물었다.

"황금 비율이 얼마지?"

"1대 1.618이야."

콜린이 혜지 곁으로 바짝 다가오며 대답했다.

"피라미드도 황금 비율로 만들어졌고, 아카데미도 황금 비율을 적용해서 지어졌다고 학장님이 말씀하셨어."

모두 학장을 쳐다보았다.

"그래, 우리 아카데미는 지붕의 높이와 기둥의 길이가 1대 1.6이야. 황금비는 사람들이 가장 안정되고 아름답다고 느끼기 때문에 많이 쓰지."

"그럼 닭이 알을 낳을 때도 황금 비율로 낳나요?"

"알? 알 알 무슨 알. 얼굴같이 예쁜 알."

홍주의 노랫소리에 마차 안은 웃음바다가 됐다. 하지만 학장은 눈을 크게 뜨고 어리둥절해 하며 혜지만 바라보았다.

"혜지가 그려 놓은 달걀의 길이를 쟀는데 황금 비율인가 봐요."

이해 못 하는 학장을 위해, 주철이가 설명했다.

"어떻게 황금비가 나왔단 말이냐?"

그러자 혜지가 그림을 보였다.

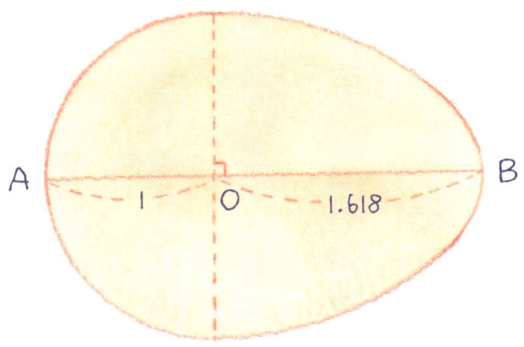

"선분 OB의 길이를 반지름인 AO로 나누었더니 그 몫이 1.62가 나왔어요."

"컴퍼스로 그린 달걀이 황금 분할이 되다니."

학장의 놀란 얼굴을 보며 홍주가 장난기 어린 목소리로 말했다.

"혜지 얼굴이 달걀 모양이라고 하니까 그걸 재 봤을 거예요."

혜지의 얼굴을 빤히 쳐다보던 학장이 고개를 끄덕였다.

"네 얼굴에 황금비가 숨어 있다니 놀랍구나."

"네에? 우리나라에 가면 혜지 같은 얼굴은 아주 흔하다고요."

홍주가 심술궂게 굴자 혜지가 얼굴을 찌푸렸다.

"야! 예쁜 달걀 찌그러진다. 얼굴 좀 펴라!"

혜지가 울상을 지으며 홍주에게 달려들자, 홍주는 결국 마차에서 뛰어내렸다.

삼각형의 비밀 열쇠

마차는 쉬지 않고 달렸다.

"도대체 언제까지 문제를 붙들고 있을 거냐? 문제가 이상하다니깐."

콜린이 막대를 옮기는 것을 보고 홍주가 소리쳤다.

"하지만 플라톤이 만든……."

"내 말은, 처음부터 잘못 만들어졌다는 거야! 플라톤도 실수할 수 있어."

홍주가 또 다시 플라톤을 탓했다. 생각에 잠겨 있던 주철이가 중얼거렸다.

"내가 왜 그 생각을 못 했지. 정말 잘못 만든 문제인지도 몰라."

"그렇지! 플라톤이 잘못 만든 거지?"

홍주는 주철이 말에 맞장구를 쳤다.

"그 말이 아냐. 처음에 너희들이 삼각형 다섯 개를 잘못 그렸는지 몰라."

그러고는 주철이가 삼각형 여섯 개를 급히 만들었다. 지금까지 혜지가 만든 삼각형 네 개로 세 개를 만들기 위해 수도 없이 옮겨 보았다. 하지만 만들어지지 않았다.

주철이가 아랫부분에서 막대 두 개를 떼어 내어 옆에 붙여 보았다.

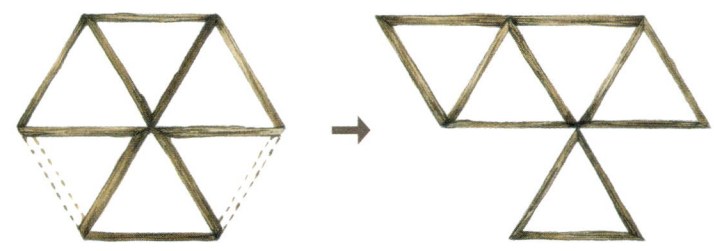

"진짜! 그렇게 놔도 다섯 개네. 어쩜 만들 수 있을 것 같은데?"

혜지가 관심을 보였다. 사람들이 모여들었다.

"이건 쉽잖아! 이렇게 놓으면!"

홍주가 사람들 사이로 파고들며 윗부분에 있는 막대 두 개를 옮겨 삼각형 네 개를 만들었다.

언제 왔는지 딕이 홍주를 바라보며 환하게 웃었다.

"걱정 마세요. 이제부턴 모든 비밀은 내 손 안에 있어요."

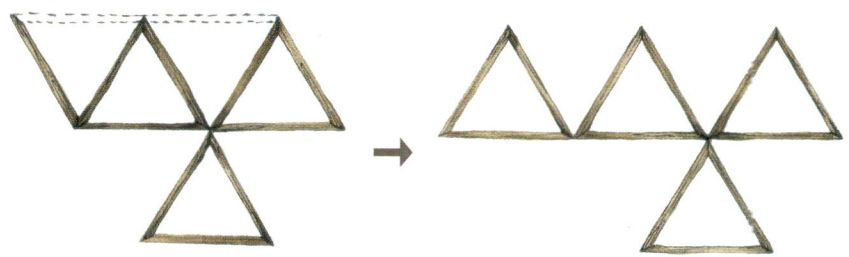

홍주도 활짝 웃었다.

"이 막대를 이용한 건 주철이의 아이디어야! 이게 없었다면 네가 풀 수 있었을까?"

혜지가 홍주에게 쏘아붙였다.

"할아버지, 이해하세요. 혜지는 주철이만 좋아하거든요."

홍주는 혜지가 일어서기도 전에 엉덩이를 삐죽 내보이고는 마차에서 훌쩍 뛰어내렸다. 혜지는 울상이 되었지만 마차 안은 웃음꽃이 피었다.

그런데 그 순간 페리가 사납게 짖더니 숲 속으로 쏜살같이 사라졌다. 딕이 칼을 빼 들고 뛰쳐나갔다. 숲 속에 긴장감이 감돌았다.

한동안 숲 속에서 거친 발자국 소리가 간간히 들렸다. 얼마 뒤 딕이 커다란 토끼 한 마리를 들고 나타났다.

"페리가 잡은 거다. 어서 나뭇가지를 모아라."

딕이 싱글거리며 페리를 가리켰다. 딕은 능숙한 솜씨로 토끼를 손질하여 모닥불 위에 걸쳐 놓았다. 토끼 고기 익는 냄새가

숲에 가득 퍼졌다. 딕이 잘 구워진 토끼 고기를 두툼하게 썰어 홍주에게 건넸다.

"이건 네 몫이다. 네가 삼각형 문제를 잘 풀어서 토끼가 잡힌 거야."

모두 허기진 탓에 모닥불에 둘러앉아 고기를 먹었다.

"맛있느냐?"

우적우적 먹고 있는 홍주에게 딕이 물었다.

"이젠 말 타는 걸 가르쳐 주실 거죠?"

"말 타는 게 문제냐? 아리스토텔레스가 말한 금광과 삼각형 두 개만 풀어내면 저 말도 통째로 주마."

"정말이죠? 약속했어요!"

"그렇다니까!"

"그런데 아리스토텔레스가 쓴 일기는 어딨어요?"

학장이 일기장을 건넸다. 아리스토텔레스는 일기에 금광의 위치를 기록해 놓았다.

"이건 나 혼자서 풀 거야."

홍주가 일기장을 들고 등을 휙 돌렸다.

"홍주 녀석…… 욕심은!"

홍주는 딕의 말에 대꾸도 않고 아리스토텔레스의 일기장을 읽어나갔다.

> 그들의 눈은 피할 수 없었다. 알렉산드로스의 스승이라고 해도 저들의 눈에 띈다면 무사하지는 못할 것이다.
> 난 하는 수 없이 나무 뒤에 숨어서 주위에 있는 표시물을 근거로 측량해 지도로 남겨야겠다고 생각했다.
> 내가 측량한 거리는 정확할 것이다. 이 지도로 인해 지혜로운 자가 금광을 잘못 찾는 것은 내 책임이다.
> 스승님은 지혜로운 자를 아끼셨다.
> 다만 정확히 작도하라.
> 금광을 잘못 찾아갔다가는 생명을 잃을 수도 있다.
> 알렉산드로스는 자신의 보물을 보호하기 위해 비밀스런 장치를 숨겨 놓았을 것이다.

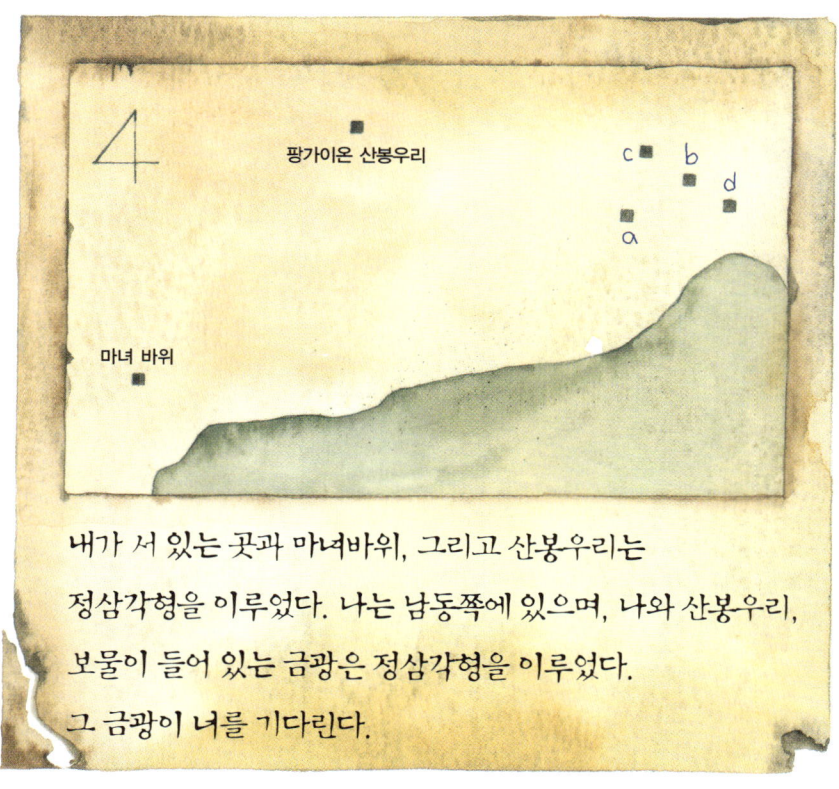

"그냥 여기가 보물이 숨겨진 금광이다 하고 표시하면, 어디가 덧나냐?"

"여기 쓰여 있잖아. 지혜롭지 못한 자나 보물 사냥꾼의 손에 들어가는 것을 막으려고 그랬다고."

홍주가 투덜거리자 혜지가 핀잔을 줬다.

"내가 서 있는 곳? 대체 뭔 말이야?"

홍주가 지도를 다른 종이에 옮겨 그리면서 중얼거리자, 혜지가 끼어들었다.

"아무래도 '내가 서 있는 곳' 부터 찾아야겠지."

홍주는 마녀바위와 산봉우리의 점을 A, B라 쓰고 점 A와 B를 직선으로 이었다.

"선분 AB의 길이를 한 변으로 하는 정삼각형을 그리면 되겠는데."

혜지가 다시 아는 체를 했다.

"조용히 해! 이건 나 혼자 풀 거라니까."

홍주가 선분 AB의 길이를 컴퍼스로 재서 점 A와 B를 중심으로 하여 원을 그려, 그 만난 점을 C라 했다. 드디어 정삼각형 ABC가 완성되었다. 홍주의 손길이 빨라졌다. 다시 점 B, C를 중심으로 하여 원을 그렸다. 두 원이 금광이라고 찍어 놓은 점 b에서 정확히 만났다.

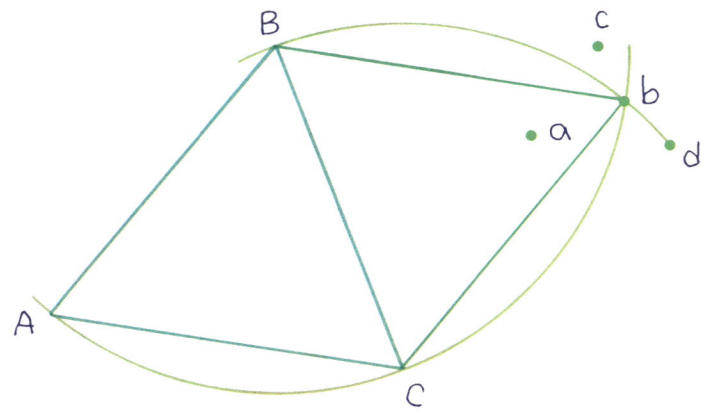

"풀었어요! 금광 b가 틀림없어요."

학장이 홍주가 그려 놓은 삼각형을 보고 고개를 끄덕였다.

마차가 아카데미를 떠나 달린 지 18일째였다.

"삼각형 세 개는 진짜 불가능해요! 막대 아홉 개로 만든다면 몰라도요."

학장이 막대를 옮기는 것을 보고 홍주가 소리쳤다. 주철이도 불가능하다고 생각했다. 지금까지 수백 번도 넘게 만들어 봤다. 하지만 실패했다. 또 다른 방법도 생각해 봤지만 삼각형 세 개로는 결코 만들 수 없었다.

"평면도형 중에 삼각형은 이상하지 않아?"

"왜?"

주철이의 물음에 혜지가 되물었다.

"막대 여섯 개로 삼각형 네 개도 만들고, 여섯 개도 만드는데 열두 개로 왜 삼각형 세 개는 못 만드냐고?"

"홍주 말대로 문제가 잘못된 것일 거야."

폐광으로 들어간 일행

드디어 마차는 마케도니아의 암피폴리스에 도착했다. 성벽으로 둘러쌓인 작고 아담한 도시였다. 멀리서 작은 배를 타고 강물에 그물을 치는 어부들도 보였다.

"여기까지 와서 고기 잡는 것도 못 본다면 말이 되겠어요? 할아버지 오시기 전에 빨리 보고 올게요."

점심을 후다닥 먹어 치운 홍주가 학장에게 매달렸다.

"안 돼! 숙부님만 오시면 바로 출발할 거다."

딕과 니필스는 자리를 비운 상태였다.

"할아버지가 언제 오실지 모르잖아요?"

그때 딕이 들어왔다.

"금광이 있는 곳을 알아냈다. 하지만 지금은 모두 폐광이라더구나."

마차가 다시 출발했다. 수확을 앞둔 올리브 나무 손질에 농부들의 손길이 바빴다. 마차는 작은 언덕을 지나 가파른 산길을 달렸다. 산모퉁이를 돌자 큰 나무 한 그루가 나타났다.

"워워! 여기인 모양이다. 한번 살펴보자."

큰 나무 아래에 마차가 섰다. 네 명의 아이들이 각자 팔을 벌려 감싸도 닿지 않을 정도로 굵고 우람한 나무였다.

딕이 지도를 펼쳤다.

"저 산이 팡가이온 산이면, 저 커다란 바위가 마녀바위인 모양이군. 옳지, 저기가 폐광 c라 했으니까 b는 그 아래겠지."

딕이 산 중턱에 우거진 숲 사이로 검게 보이는 곳을 가리켰다.

"폐광이 네 개라는데 왜 하나만 보이죠?"

콜린이 물었다.

"다른 폐광은 나무들이 자라 숲이 되어 가려졌다더라. b라고 하는 폐광 옆에 둥근 바위가 있다 했으니 가 보면 알겠지."

"헉, 저곳까지 걸어가요?"

홍주가 물었다.

"옛날에는 마차 두 대도 지나가던 큰길이었지. 하지만 이젠 사람들이 다니지 않으니 길이 없어진 거지. 조심해서 올라가 보자."

마차는 천천히 움직였다. 풀이 자라 길은 보이지 않았지만 말은 정확히 길을 찾아갔다.

"저게 폐광b인 것 같다."

딕이 앞장을 섰다. 숲 사이로 금을 캐냈던 커다란 동굴이 보였다. 동굴 옆에는 둥근 바위가 있었다.

"너희들은 여기서 기다려라! 내가 더 돌아볼 테니."

딕이 말을 타고 사라졌다.

갑자기 페리가 뒤로 물러서며 요란하게 짖어 대다 앞으로 쏜살같이 달려 나갔다. 니필스가 칼을 빼 들고 뒤를 따랐다. 콜린이 일어서며 떠들었다.

"오늘도 토끼 고기 먹는 거 아냐?"

홍주도 싱글거리며 일어섰다. 모두 숲 속으로 따라 들어갔다. 저 멀리 니필스가 서 있었다.

"잡았어요?"

홍주가 크게 소리쳐 물었지만 니필스는 대답이 없었다. 그런데 다가가 보니 페리가 쓰러져 있었다. 등에 화살이 꽂혀 있었다.

"페리! 페리……. 왜 이래!"

콜린이 페리를 부둥켜안고 울부짖었다.

"어서 마차로 가자."

학장의 말에 주철이가 콜린을 일으켜 세웠다.

동굴 입구에서 딕이 기다리고 있었다.

"아니, 페리가 왜?"

"페리를 따라가고 있는데, 갑자기 어디선가 화살이……."

딕은 니필스의 말이 끝나기도 전에 말에 뛰어올라 쏜살같이 사라졌다.

니필스와 아이들은 슬퍼하며 땅에 페리를 묻어 주었다.

딕은 금세 돌아와서 땀을 닦으며 말에서 내렸다.

"도망가고 없어. 분명히 칼리스 부하들일 거야. 어서 동굴로 들어가자."

동굴은 마차가 충분히 들어갈 정도로 컸다. 안으로 들어가자 천장에서 물이 뚝뚝 떨어지고 있었다. 들어갈수록 어둠이 짙어 갔다. 딕이 횃불을 들고 앞장을 섰다. 그 뒤로 니필스가 말고삐를 짧게 잡고 마차를 끌었다. 얼마나 동굴 안으로 들어갔을까. 깜깜하던 동굴 안이 서서히 환해졌다. 동굴은 막혀 있었지만 어디선가 가느다란 빛이 들어왔다.

"여기가 맞아요?"

홍주가 물었다.

"네가 작도한 것으로 봐서는 이 동굴이 확실한데……."

혜지가 동굴 안을 둘러보았다. 동굴 안은 넓었다. 천장을 올려다보았다. 넙적한 바위가 걸쳐 있는 천장에는 작은 구멍이 세 개 뚫려 있었고, 그 구멍을 통해 햇빛이 들어왔다. 햇빛이 비치는 곳에는 풀들이 무성하게 자라 있었다. 벽을 통해 물이 떨어지는 소리가 메아리로 되돌아왔다.

주철이는 동굴 벽 쪽으로 걸어갔다. 벽에는 이끼들이 잔뜩 붙어 있었다. 이끼를 조금 걷어 보니 물기 어린 단단한 바위였다. 또 주철이는 풀들이 무성히 자라 있는 곳에서 발을 굴러 보았지만 땅이 울리는 것 같지 않았다.

"아리스토텔레스도 여기가 이런 데인 줄 알았을까?"

주철이를 따라오며 혜지가 물었다.

"동굴 밖에서만 측량했으니 아마 몰랐겠지. 하지만……."

주철이가 재빨리 마차로 가서 아리스토텔레스의 일기장을 꺼내왔다.

"다시 읽어 봐야겠어. 혹시 알아? 어떤 단서라도 찾을 수 있을지."

해가 지는지 동굴 안이 어두워졌다.

"어쩔 수 없구나. 오늘은 여기서 자는 수밖에."

딕이 마차에서 장작을 내렸다.

삼각형의 외심이 뜻하는 것

주철이가 잠에서 깼을 때, 딕이 모닥불을 다시 피우기 위해 장작을 쌓고 있었다.

"이곳에 없다면 도대체 어디에 있단 말인가?"

딕은 크게 실망했다. 팡가이온 광산만 찾으면 끝이라고 생각했던 것이다. 간단히 아침 식사를 한 뒤에 딕이 말을 끌고 나섰다.

"다른 동굴들을 돌아볼 테니 너희들은 여기 있어라. 니필스는 동굴 입구를 잘 살피고."

주철이는 동굴 천장을 다시 올려다보았다. 작은 구멍으로 들어오는 햇빛에 눈이 부셨다. 저 작은 구멍으로 들어오는 햇빛에도 식물들이 자란다는 게 참으로 신기했다.

"주철아!"

학장이 마차 밖으로 고개를 내밀었다.

"넌 생물이 살아가는 데 가장 중요한 에너지가 무엇이라고 생각하느냐?"

"왜요?"

주철이가 학장 곁으로 다가갔다.

"생물이 살아가는 데 가장 중요한 에너지를 찾으라고 돼 있구나."

학장이 플라톤의 일기장을 내밀었다. 플라톤은 새로운 메시지를 전하고 있었다.

> 생물이 살아가는 데 가장 중요한 에너지를 찾아라!
> 낮과 밤의 길이가 같은 날, 태양이 가장 높이 떴을 때,
> 세 갈래의 에너지에서 같은 거리에 있는 점이 기다린다.
> 일차로 통과해야 할 관문이다.

주철이는 급히 마차에서 내렸다. 분명했다. 이런 동굴에 식물이 무성하게 자랄 수 있는 것은 세 개의 작은 구멍으로 햇빛이 들어오기 때문이었다.

"니필스! 니필스, 칼 좀 빌려 줘요."

니필스가 주철이 곁으로 다가왔다.

"이 풀을 모두 베야겠어요. 여기에 비밀이 있는 것 같아요."

주철이의 말을 듣고 사람들이 모여들었다.

"풀밭에 비밀이 있다고?"

홍주가 물었다.

"그래, 이것 좀 읽어 봐! 생물이 살아가는 데 가장 중요한 에너지란 바로 햇빛이겠지?"

홍주와 혜지, 그리고 콜린은 머리를 맞대고 플라톤의 일기장을 읽었다.

니필스가 풀을 베어 냈다.

"오늘이 며칠이지?"

일기를 읽다 말고 홍주가 물었다. 혜지가 잠깐 생각하더니 대답했다.

"이곳에 온 지가 벌써 24일째니까, 오늘은 9월 22일이야."

"그럼 내일이 추분이란 말인데?"

"우리나라와 여긴 다르지 않을까?"

"우리나라하고 같아. 약간 북쪽이긴 하지만. 마케도니아 위도가 42도 정도니까."

"와! 홍주, 넌 어떻게 그렇게 잘 아니?"

"말했잖아. 내 꿈이 여행가라고."

실제로 홍주는 늘 지구본을 가지고 놀았다.

주철이가 급히 니필스를 불렀다. 낮과 밤의 길이가 같은 날, 태양이 가장 높이 떴을 때를 알기 위해서는 태양의 고도를 잴 수 있는 기구가 필요했다.

그때 나갔던 딕이 돌아왔다.

"무슨 일이냐?"

"할아버지, 보물의 비밀이 풀릴 것 같아요."

"뭐? 그럼 이곳에 보물이 묻혀 있단 말이냐?"

"예, 이 풀밭에 있는 것 같아요."

딕은 당황스러웠다. 동굴로 들어오다가 수상한 말 발자국을 발견했기 때문이다. 발자국으로 봐서는 두세 명 정도가 이곳을 기웃거린 것 같았다. 보물이 이곳에 묻혀 있다면 그들을 막아야 했다. 두세 명뿐이라면 혼자서 충분히 막아 낼 수도 있을 터였다. 딕은 우선 마차로 동굴 입구를 막았다.

"혜지와 콜린은 그림자가 가장 짧아질 때 햇빛이 있는 곳에 돌멩이를 놔 봐."

주철이가 간이 태양고도 측정기를 햇빛이 비치는 곳에 놓았다. 그것은 판자 가운데에 막대를 세워 만든 것이었다. 그러자 그림자가 생겨났다.

"추분은 내일이야. 내일 고도를 재야지."

홍주가 말했다.

"내일 구름이 끼면 어쩔 거야? 그리고 23일도 낮과 밤의 길이

가 정확히 같진 않다고 했어."

주철이의 생각에 홍주가 고개를 끄덕였다. 주철이가 간이 태양고도 측정기를 햇빛을 따라 이동시켰다. 이동할 때마다 달팽이가 기어가는 것처럼 허리를 굽힌 사람들이 햇빛을 따라 움직였다. 그림자의 길이는 점점 짧아졌다.

"지금이다! 이제부터 조금씩 길어지는데."

주철이가 소리치자 혜지가 급하게 돌멩이를 놓았다.

"이 돌멩이 세 개 아니면, 조금 전에 놓은 이것들일 거야."

돌멩이가 세 줄로 촘촘히 놓여 있었다. 혜지는 그중 여섯 개만 남기고 모두 치웠다.

"세 개의 돌을 꼭지점으로 해서 같은 거리에 있는 점만 찾으면 되겠어."

홍주가 나섰다. 주철이가 자와 컴퍼스를 건넸다.

홍주는 돌멩이가 놓여 있는 모양대로 삼각형 ABC를 그렸다.

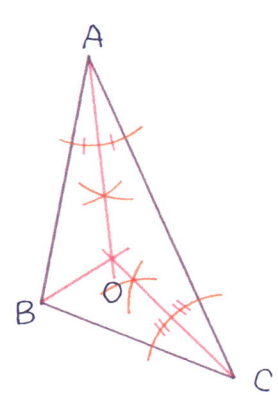

그리고 각 A, B, C를 이등분하여 꼭지점과 연결했다.

세 선분은 점 O에서 만났다.

"어? 세 꼭지점에서 길이가 모두 다른데?"

혜지가 말했다. 주철이도 고개를 끄덕였다. 꼭지점에서 점 O까지의 길이는 보기에도 달랐다.

"어떡하지? 다른 방법이 없을까?"

"아! 세 변을 수직이등분하면 될 것 같은데."

혜지가 점 A와 B를 중심으로 원을 그렸다.

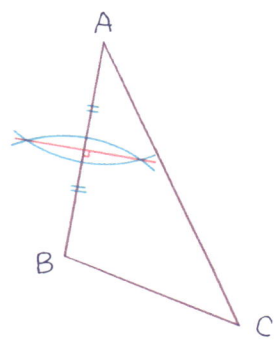

두 원끼리 만났다. 두 원이 만난 점에 자를 대고 직선을 그렸다. 변 AB가 수직이등분되었다. 변 AC와 BC도 같은 방법으로 수직이등분했다. 수직이등분한 선분은 삼각형 밖에 있는 점 O에서 만났다. 혜지가 점 O를 중심으로 원을 그렸다. 그러자 세 꼭지점이 원주 위에 위치했다.

"세 꼭지점에서 같은 거리에 있는 점은 원점이 틀림없어!"

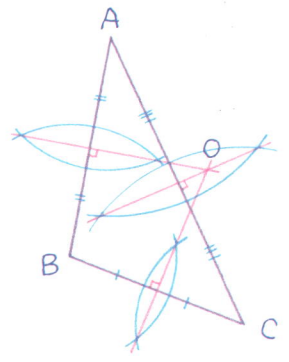 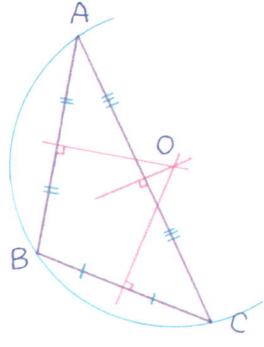

혜지가 일어섰다. 홍주와 주철이가 줄을 이용하여 세 개의 돌이 놓인 자리에서 같은 거리에 있는 점을 찾아냈다.

"할아버지, 찾았어요! 땅속이에요. 빨리 와 보세요."

콜린이 동굴 입구 쪽으로 뛰어가며 소리쳤다. 그러자 딕과 니필스가 뛰어왔다.

"여길 빨리 파 봐요!"

홍주가 서둘렀다. 니필스가 괭이로 흙을 파냈다. 깊이 파들어 가자, 괭이에 딱딱한 물체가 닿는 소리가 났다. 주변의 흙을 걷어 냈다. 그곳에서 잘 깎여진 사각형 대리석판이 나타났다.

딕의 심장이 심하게 뛰었다. 대리석판 아래에는 쇠로 만든 삼각기둥이 솟아 있었다.

"딕, 잘 있었는가?"

낯선 목소리에 모두 입구 쪽으로 고개를 돌렸다. 언제 들이닥쳤는지 칼과 활을 든 사람들이 동굴 안을 빙 에워싸고 있었다.

"칼리스, 자네가……."

염소수염에 둥근 모자를 쓴 남자가 앞으로 걸어 나왔다. 키가 무척 작아 보였다.

"자네가 더 잘 알 텐데. 그 보물은 자네 게 아냐."

"왜 그렇지?"

딕이 칼을 빼 들었다.

"〈학〉이라는 시를 잊지는 않았겠지?"

"그럼 그 시를 보낸 사람이 자네란 말인가?"

"그 시가 없었다면 자네도 오늘 이 자리에 없었을 거야."

칼리스는 리케이온 학당에서 아리스토텔레스의 유품이 들어 있는 상자를 발견하였다. 그 상자에는 〈학〉이라는 시와 보물을 찾을 만한 단서들이 들어 있었다. 그때부터 아카데미를 더 차지하려고 온갖 수단을 썼지만 딕의 반대로 이루지 못했던 것이다. 궁리 끝에 〈학〉이라는 시를 다른 사람을 시켜 딕에게 보냈다. 효과는 바로 나타났다. 플라톤의 무덤은 비밀리에 파헤쳐졌으며 비로소 원통이 모습을 드러낸 것이었다.

"그래, 그 시 덕도 봤지. 하지만 플라톤은 다른 곳에 비밀을 남겼어. 그러니 도둑고양이처럼 뒤나 밟으면 안 되지!"

칼리스의 얼굴이 붉어졌다.

"뭐, 내가 도둑고양이라고?"

"하하하! 날 바보로 아나? 페리가 눈치채자 없애 버렸잖아!"

칼리스의 표정에 비굴함이 스쳐 갔다. 딕이 천천히 칼리스 앞으로 다가갔다. 그러자 칼리스가 뒷걸음질을 쳤다.

"자네의 무술 실력은 내가 잘 알지. 허나 저 애들과 학장의 목숨은 누가 지켜 줄까?"

딕이 걸음을 멈추고 주위를 둘러보았다. 활을 든 칼리스의 부하들이 딕은 물론 학장과 아이들도 겨냥하고 있었다.

"자넨 실수한 거야. 아카데미를 넘기라고 할 때 넘겼어야지."

"하하하! 하지만 내 목숨이 붙어 있는 한 그렇게는 안 될걸."

딕이 웃자 칼리스도 웃었다.

"안 된다고? 애들아! 딕의 손자와 동양에서 온 저 여자애를 끌고 오너라!"

칼리스의 부하들이 달려들었다.

"안 돼!"

딕이 칼을 치켜들자, 화살이 날아들었다. 딕은 칼로 화살을 걷어 냈다. 혜지와 콜린은 이미 칼리스의 부하들에게 잡혀 칼로 위협받고 있었다.

"그 애들을 놓아 줘라!"

딕이 칼을 바닥에 내려놓았다. 그러자 칼리스가 딕 곁으로 천천히 다가가서 칼을 주워들었다.

"진작 그랬어야지. 모두 묶어!"

칼리스가 파 놓은 구덩이 쪽으로 걸어가며 의기양양하게 명령

했다. 칼리스는 흡족했다. 보물은 아카데미에 있을 거라고 믿었다. 그런데 뜻밖에도 필리포스 왕이 금을 파냈던 폐광에 묻혀 있는 것이다. 구덩이에는 쇠기둥이 솟아 있었다.

"이게 뭐지?"

칼리스가 잠시 머뭇거리다가 물었다. 대답해 주는 사람은 아무도 없었다.

"저 애를 끌고 오너라!"

칼리스의 부하가 홍주를 끌고 왔다.

"이것을 어떻게 해야 하지?"

"그것을……"

"안 돼, 홍주야! 말하면 안 돼!"

혜지가 소리쳤다.

"저 계집애를 끌고 와라!"

칼리스가 눈을 치켜뜨며 명령하자 혜지가 끌려왔다.

"이것이 대체 뭐냐?"

"말할 수 없어요!"

혜지가 단호하게 대답했다.

"맹랑한 것! 얘들아, 저 앨 거꾸로 매달아라!"

칼리스의 부하들이 혜지를 바닥에 거꾸러뜨리자, 콜린이 소리쳤다.

"안 돼요! 말할게요!"

콜린도 끌려왔다.

"저것을……."

"콜린, 말하지 마! 말해선 안 돼!"

"하지만 혜지가……."

딕의 단호한 목소리에 콜린이 울먹였다.

"말하지 말라고? 자네 손자가 어떻게 되는지 보고 싶나? 애들아! 저 애들을 거꾸로 매달아라!"

칼리스의 부하들이 혜지와 콜린의 발목을 밧줄로 묶었다. 주철이가 뛰쳐나가며 소리쳤다.

"사람들을 모두 보내 주세요! 그러면 말할게요."

"하하하! 이 칼리스를 시험하려 들다니. 얘들아, 이 애가 말할 때까지 몽둥이로……."

"주철아, 말해라!"

딕이 소리쳤다. 주철이가 뒤돌아보자 딕이 다시 소리쳤다.

"이젠…… 어쩔 수 없다. 알려 줘라!"

"이걸 눌러 보세요. 어떻게 될지는 우리도 몰라요."

"이게 함정은 아니겠지? 눌러 봐라!"

칼리스가 구덩이에서 멀리 물러섰다. 칼리스의 부하가 쇠기둥을 눌렀다. 갑자기 동굴 전체가 흔들렸다. 모두 동굴의 천장과 벽을 바라보았다. 이끼가 잔뜩 끼어 있던 한쪽 벽면이 스르르 내려앉았다.

칼리스가 벽 안쪽을 살펴본 뒤 다시 명령했다.

"횃불을 가져와! 딕이 타고 온 마차에 있을 거다."

칼리스가 리콜라와 잠깐 소곤거리더니 리콜라와 횃불을 든 부하가 동굴로 사라졌다. 칼리스의 부하들은 금방 돌아오지 않았다. 칼리스가 초조하게 기다리다가 딕 곁으로 다가왔다.

"딕, 저게 함정은 아니겠지?"

"그건 나도 모른다."

"모른다는 말은 함정일 수도 있다는 말 아닌가? 만약 함정이라면 널 먼저 죽이겠다."

"그럼, 날 살려 주려고 했었나?"

"하하하! 잘 알고 있다니 고맙다. 여기에 보물이 있다는 소문이 나면 안 되겠지?"

그때 동굴 벽으로 들어갔던 칼리스의 부하들이 돌아왔다.

리콜라가 칼리스에게 속삭였다. 칼리스는 금세 흐뭇한 표정을 지었다.

"자! 이제 들어가 보자."

칼리스가 몇 걸음 걸어가다 뒤를 돌아보며 말했다.

"리콜라, 저 애를 데리고 가자."

리콜라가 주철이 곁으로 다가왔다. 주철이가 뒤돌아 혜지와 홍주, 그리고 딕을 쳐다보았다. 딕이 고개를 끄덕였다.

삼각형의 마지막 비밀

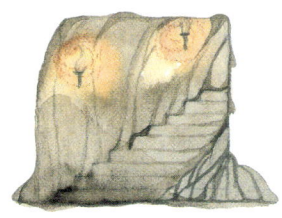

아래로 내려가는 계단은 계속 이어졌다. 동굴 안은 암흑이어서 횃불이 없다면 도저히 걷기조차 힘들었다. 발자국 소리가 동굴 안에 울려퍼졌다. 얼마를 내려갔을까. 계단이 끝나고 평평한 바닥이 이어졌다. 발자국 소리로 봐서 아주 높고 넓은 동굴 같았다.

멀리서 희미한 빛이 보이기 시작했다. 사람들의 발걸음이 빨라졌다. 빛을 내는 광물은 플라톤의 연구실 지하 천장에 있었던 야광주였다. 커다란 야광주 네 개가 벽에 박혀 있었다.

"횃불을 이리 다오."

횃불을 받아든 칼리스가 이곳저곳을 비추었다. 튼튼하게 쌓아

올려진 대리석과 둥근 기둥이 군데군데 보였다. 어두워서 위쪽은 볼 수 없었지만 거대한 건물이었다.

주철이는 야광주가 박혀 있는 벽으로 걸어갔다. 야광주 밑에는 넓은 육각형 판이 벽에 박혀 있었다. 육각형 금속판에는 여러 개의 삼각형 변이 깊게 패여 있었다.

"앗! 저건."

주철이는 자기도 모르게 신음 소리를 냈다.

가운데는 주황색을 띤 열두 개의 작은 금속판이 삼각형 여섯 개의 모양으로 꽂혀 있었다. 그 밑에는 놀랍게도 아리스토텔레스가 말한, 금속판 두 개를 옮겨 삼각형 다섯 개를 만들라고 쓰여 있었다.

> 동판 두 개를 옮겨 꽂아라!
> 다섯 개의 삼각형이 만들어질 때 너의 방문을 허락하리라!
> 다섯 개를 만들 수 없는 자, 손대지 말라!
> 이곳에 영원히 묻히리라!

"풀 수 있겠느냐?"

칼리스가 금속판을 보며 물었다.

"막대 열두 개가 필요해요."

주철이는 얼떨결에 막대가 필요하다고 말해 버렸다.

"막대를 어디에다 쓸 거냐?"

"막대로 문제를 먼저 풀어 보고 동판을 옮겨야죠. 잘못 건드리면 이곳에 묻힌다잖아요."

벽에 새겨진 글을 자세히 읽더니 칼리스의 표정이 굳어졌다.

"어서, 막대를 가져와라!"

주철이는 막대 열두 개로 삼각형 여섯 개를 만들어 놓고 생각했다. 삼각형 다섯 개가 만들어졌을 때 보물이 나타난다면 어떻게 될까. 칼리스는 비밀이 새어나갈까 봐 사람들을 해칠 게 분명

했다. 주철이는 아무렇게나 막대 두 개를 주워 들었다. 그리고 생각하는 척하다가 다시 놓았다. 그렇게 몇 번이고 반복했다. 칼리스와 그의 부하들이 주철이를 뚫어지게 보았다. 주철이는 두렵기도 하고 혼란스러웠다. 삼각형 다섯 개를 만들어 내야 할지, 못 푼다고 버텨야 할지 난감했다.

"이 멍청한 놈아, 막대를 가져 오라니까 겨우 열두 개야! 가서 더 가져 와!"

칼리스가 부하를 다그쳤다. 막대 두 개를 옮겨 삼각형 다섯 개는 쉽게 만들 수 있을 것 같았다.

"풀었어요! 삼각형 다섯 개가 됐어요."

주철이가 뛰어가는 칼리스 부하를 돌아보며 소리쳤다. 막대를 가지고 와서 다른 사람이 풀어 버린다면 곤란했다. 칼리스가 막대와 철판 위에 꽂혀 있는 주황색 동판을 확인했다.

"어서 옮겨 봐라!"

주철이가 주황색 동판 하나를 뽑았다. 생각보다 쉽게 뽑혔다. 그것을 옆 칸에 있는 깊게 패인 빈 곳에 맞추어 밀었다. 동굴 안에 서늘한 긴장감이 감돌았다. 또 하나의 동판을 뽑아 삼각형 다섯 개를 만들었다.

갑자기 대리석 벽이 흔들리는가 싶더니 천둥치는 소리가 동굴 안에 울렸다. 하얀 먼지가 폭포처럼 쏟아져 내렸고, 사람들은 벽에서 멀리 달아났다. 먼지가 가라앉자 벽 뒤로 'ㄱ'자 모양의 공간이 서서히 드러나기 시작했다. 금속판이 박혀 있던 벽이 뒤로 물러나 있었다. 사람들이 다시 몰려왔다.

"리콜라, 자네가 앞장을 서게. 너희들은 여기서 기다려!"

리콜라가 횃불을 들고 앞장을 섰다. 칼리스와 리콜라가 들어간 지 한참 지났지만 나오지 않았다.

"주철인 들어오너라! 너희들은 여기서 잘 지키고!"

리콜라가 밀려난 벽 사이로 얼굴을 내밀고 손짓을 했다. 주철이가 들어갔다. 입구에 커다란 글씨가 보였다.

손대지 마라! 재앙이 따를지어다!

안에는 책과 두루마리가 빽빽이 들어찬 선반들이 미로를 만들어 내고 있었다. 주철이는 리콜라를 따라 계속 안으로 들어갔다.

"이젠 삼각형 네 개를 만들라고 했다. 어서 풀어라!"

주철이는 금속판을 보았다. 처음 금속판과 다른 내용이었다. 모르는 글자와 숫자들이 빼곡히 쓰여 있었다.

동판 두 개를 옮겨 꽂아 삼각형 네 개를 만들어라!

$$\Lambda \acute{υ} σ ε \quad μ ε \quad τ η ν \quad σ o \phi ί α$$
52 24 63 51   62 51   14 12 13   63 33 34 32 11

11 53 44 32 63 51   11 13 14 32 63 14 53 33 34 11

단 한 번의 기회노라!

주철이가 낯선 글자와 숫자들을 보고 갸웃하자, 칼리스가 말했다.

"그건 고대 그리스 글자다. 지혜를 베풀라고 적혀 있다."

주철이는 일단 삼각형 다섯 개를 만들어 놓고는 막대를 이리저리 생각 없이 옮겼다.

"어서 풀지 못하겠느냐!"

칼리스는 주철이가 일부러 시간을 끌고 있다는 느낌이 들었다.

주철이의 머릿속은 갈수록 복잡해졌다. 이 문제를 풀고 나면 삼각형 세 개를 만들라고 할 텐데, 그때는 어떻게 해야 할지 점점 더 불안하기만 했다.

"리콜라, 딕과 애들을 끌고 오게! 막대도 잊지 말고."

칼리스는 마음이 다급했다. 이곳에 쌓여 있는 책과 두루마리는 군사들을 훈련시키거나, 전쟁을 승리로 이끌 수 있는 전술이 쓰여 있는 것들이었다. 필리포스나 알렉산드로스에게는 보물이 될지 몰라도 자신에게는 필요 없는 것들이었다.

주철이가 삼각형 네 개를 급히 만들었다.

"풀었어요! 네 개가 됐어요!"

이곳으로 사람들을 끌고 와 어떤 행패를 부릴지 몰라 서둘렀다. 하지만 리콜라는 이미 사라지고 없었다.

"어서 옮겨 봐라!"

주철이는 하는 수 없이 동판을 뽑아 삼각형 네 개를 만들었다. 벽이 뒤로 밀려나자 칼리스가 먼저 들어갔다. 그곳은 무기들로 가득했다. 방에는 칼, 창, 방패 등이 잘 진열되어 있었다. 방 가운데에 있는 높은 대리석 위에 투구 두 개가 나란히 놓여 있었다. 칼리스가 횃불을 가까이 대었다. 황금으로 만든 투구가 분명했다.

주철이는 무기들을 둘러보다가 금속판이 박혀 있는 벽으로 다가갔다. 칼리스도 뒤따랐다.

"음, 삼각형 세 개를 만들라고 했군."

칼리스가 말했다. 주철이는 말없이 삼각형 네 개를 만들어 놓았다.

"성주님, 데려왔습니다."

리콜라 뒤에는 줄에 묶인 사람들과 칼리스의 부하들이 서 있었다.

"동양 애들은 풀어 주고, 다른 사람들은 기둥에 단단히 묶어라!"

홍주와 혜지가 줄에서 풀려났다.

"너희들도 여기에 있는 삼각형을 보고 세 개로 만들어라! 어서!"

칼리스는 야광주가 비추는 벽을 가리키며 소리쳤다.

"삼각형 세 개는 누구도 만들 수 없어요!"

칼리스가 어리둥절한 표정으로 홍주에게 물었다.

"왜 만들 수 없지?"

"마케도니아로 오면서 몇백 번도 더 생각해 봤어요. 하지만……."

"뭐야! 그럼, 저 문제를 알고 있었단 말이냐?"

홍주가 대답을 못 하고 주철이를 쳐다보았다. 주철이는 겁에 질려 있었다. 칼리스는 얼굴을 심하게 일그러뜨리며 아랫입술을 꽉 깨물었다.

"칼리스, 삼각형 문제는 아리스토텔레스가 남긴 두루마리에 쓰여 있었네."

딕이 말했다.

"두루마리! 그게 어딨는데?"

"내가 타고 온 마차에 있네."

딕은 모든 것을 포기한 듯했다.

"리콜라, 지금 당장 마차에서 두루마리를 가져오게!"

리콜라가 급히 사라졌다.

"너희들은 저 괘씸한 동양 애를 거꾸로 매달아라! 날 속이다니!"

칼리스의 얼굴이 벌겋게 달아올랐다. 홍주가 주철이 앞을 막아섰다.

"안 돼요! 지금까지 모든 비밀은 주철이가 풀어냈어요. 주철이가 풀 수 없다면 누구도 풀 수 없어요."

혜지도 주철이 앞을 막아섰다.

주철이의 계획은 이게 아니었다. 시간을 끌다가 사람들을 풀어 주면 문제를 풀겠다고 할 참이었다. 그런데 자신 때문에 일이 더욱 복잡하게 꼬이고 말았다.

"저 애들도 모두 거꾸로 매달아라!"

칼리스가 소리쳤다.

"칼리스, 이 애들은 죄가 없네. 날 매달게."

딕은 칼리스를 잘 알고 있었다. 자신을 속이거나 무시한 사람은 어떤 방법으로든 해칠 수 있는 사람이었다.

"딕, 자네가 이렇게 나올 줄은 몰랐는데. 자네의 그 잘난 자존심은 다 어디로 갔지?"

"지금까지 모든 비밀은 애들이 풀었네. 제발 부탁이네. 이 애들을 풀어 주게."

"좋아! 옛정도 있고, 지난번에 리콜라도 풀어 줬으니 나도 한 번쯤은 아량을 베풀어야겠지. 애들아, 저 애들을 기둥에 묶어라!"

"성주님, 가져왔습니다."

리콜라가 두루마리 한 개와 책 두 권을 건넸다. 칼리스가 두루마리를 펼쳤다.

"음, 여기 있군. 삼각형 두 개까지 만들어야겠는걸."

칼리스가 혼자 중얼거렸다. 사람들은 칼리스의 눈치만 살폈다.

"딕, 지혜 있는 자가 아카데미의 주인이라 했잖은가?"

칼리스가 책을 펼쳐들고 일어섰다. 딕이 되물었다.

"누가 지혜로운가? 지혜가 있다면 삼각형 문제를 자네가 풀어 내게."

"이 문제를 풀면 아카데미를 넘겨 주겠는가?"

"대신 조건이 있네. 사람들을 모두 풀어 주면 넘겨 주겠네."

"모두 풀어 주라고? 날 속이고 조롱한 애까지?"

칼리스는 고개를 가로저었다.

"그럼 아카데미를 포기할 건가?"

칼리스는 대답 대신 리콜라를 불러 귓속말을 했다. 그러자 리콜라가 "너희들은 날 따라오너라!" 하며 칼리스의 부하들을 데리고 사라졌다.

횃불을 네 번이나 새로 바꾸었지만 칼리스는 삼각형 세 개를 만들어 내지 못했다.

"리콜라, 누가 풀었는지 다시 나가 봐!"

리콜라가 사라지자, 칼리스는 금속판이 박혀 있는 쪽을 물끄러미 바라보았다.

'삼각형 세 개를 만들 수 없다면 어떻게 해야 할까. 벽을 허물 수도 없고……. 저 아이 말대로 어느 누구도 풀 수 없는 문제일

까. 아냐, 꼭 풀 수 있을 거야.'

칼리스가 홍주를 쳐다보다가 고개를 저었다. 칼리스는 점점 더 초조해졌다.

리콜라가 들어왔다.

"누가 풀었던가?"

리콜라가 고개를 젓자 칼리스가 버럭 소리를 질렀다.

"멍청한 놈들! 그것 하나를 못 풀어!"

"칼리스, 자네가 저 문을 열고 싶거든 애들을 풀어 주게. 이 애들이 지금까지 비밀을 모두 풀어냈잖은가."

아이들이 문제를 풀어만 낸다면 사정은 달라질 수 있다는 생각에 딕은 다시 칼리스를 설득했다.

"어서 애들을 풀어 주게. 그 문제는 지혜 있는 자만이 풀 수 있다고 했어."

잠시 고민하던 칼리스가 명령을 내렸다.

"좋다! 저 애만 남기고 모두 풀어 줘라!"

칼리스가 주철이를 가리켰다.

"주철이도……."

딕은 주철이도 풀어 달라고 사정하려다 입을 다물었다. 풀려난 홍주는 주철이가 놓아 둔 막대 앞에 앉았다. 혜지가 두리번거리다가 칼리스 앞으로 갔다.

"막대 좀 주세요."

"혜지야, 이리 와. 여기 있잖아."

홍주가 막대 여섯 개를 건넸다.

"열두 개가 있어야 되는데?"

"막대가 크다고 문제가 잘 풀리니? 반으로 자르면 돼."

홍주가 막대를 반으로 자르며 말했다. 홍주의 말을 듣고 주철이가 신음소리를 작게 냈다.

"음……. 맞아."

삼각형 하나를 막대 세 개로만 만들 수 있는 게 아니었다. 여섯 개를 사용하면 크게 만들 수도 있었다. 그러나 주철이는 만드는 방법이 딱히 떠오르지 않았다.

다시 횃불이 꺼지려고 깜박했다. 칼리스가 투덜거렸다.

"삼각형 세 개를 만들어 놓고 보면 막대 세 개가 남는데. 이걸……."

'음, 세 개가 남는다면…….'

주철이의 머릿속에 번뜩 떠오르는 것이 있었다. 남은 세 개를 이용하면 정삼각형 세 개를 만드는 데는 문제가 없었다. 다만 삼각형 하나를 크게 만들어 문이 열린다면 다행이지만, 열리지 않는다면 칼리스가 용서하지 않을 터였다. 그렇다고 이대로 있을 수만은 없었다.

"내가 문제를 풀면 사람들을 풀어 주겠어요?"

주철이가 기둥에 묶인 채 칼리스에게 물었다.

"네가 풀 수 있다고?"

주철이가 고개를 끄덕였다.

칼리스는 이들을 해칠 생각까지는 하지 않았다. 나중에 아카데미의 주인이 되었을 때 사람을 해쳤다는 사실이 알려져서 좋을 게 없기 때문이었다. 그렇더라도 주철이만은 쉽게 용서하고 싶지 않았다. 칼리스는 내키지 않았지만 마지 못해 약속했다.

"좋다! 문만 열어라! 그럼 풀어 주겠다."

"지금 풀어 주세요."

주철이가 고집을 부렸다. 칼리스의 일그러진 표정을 보고 니콜라가 나섰다.

"성주님은 이제껏 약속을 한 번도 어긴 적이 없다."

"딕, 이 앤 내가 아카데미로 데려다 줄 테니 먼저 가게."

"안 돼요! 주철이 혼자 두고 갈 순 없어요!"

혜지가 소리쳤다.

"주철아, 어서 문제를 풀어! 그래서 같이 가자!"

홍주도 소리쳤다.

"아냐, 먼저 가! 난 걱정 마."

주철이가 자신만만하게 말했다.

"리콜라, 저들을 마차에 태우고 오게."

칼리스가 주철이 줄을 풀어 주었다. 혜지와 홍주 그리고 딕이 저항했지만, 칼리스 부하들에게 끌려 나갔다.

주철이는 삼각형 네 개를 이루는 막대들 중에 막대 두 개를 빼서 위쪽으로 옮겼다. 그러자 정삼각형 세 개가 만들어졌다.

"삼각형 하나가 너무 큰 거 아니냐?"

칼리스가 의심스러운 눈으로 삼각형을 보며 말했다.

"아리스토텔레스는 크기에 대해서는 말하지 않았어요."

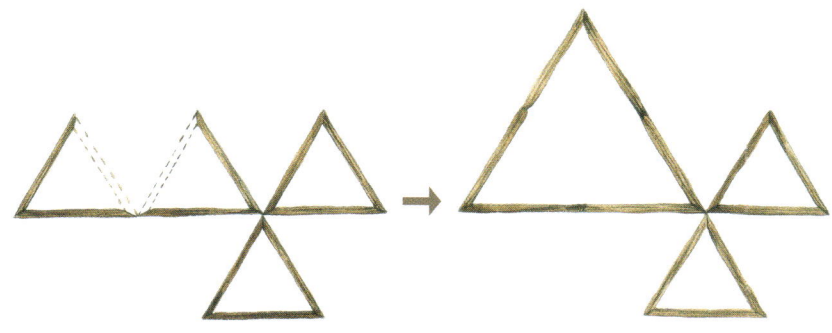

주철이가 금속판을 옮겼다. 문이 열렸다. 주철이는 안도의 숨을 깊게 내쉬었다.

그곳에는 수많은 보석들이 불빛을 받아 반짝거리고 있었다. 선반에는 금관도 여러 개 있었고, 금으로 된 동상도 보였다.

칼리스의 얼굴에 기쁨이 넘쳤다. 주철이는 다시 금속판이 박혀 있는 곳으로 갔다. 삼각형 세 개를 만들어 놓고 생각하고 있는데 칼리스가 다가왔다.

"이젠 쉽군. 다시 이 두 개만 옮겨 놓으면 되잖아."

칼리스가 작은 삼각형을 이루는 막대들 중에서 두 개를 벌려 큰 삼각형을 만들었다.

또 다시 벽이 뒤로 쑥 들어갔다. 벽 사이로 희미한 빛이 새어 나왔다. 칼리스가 주춤하자 이번에는 주철이가 먼저 들어갔다.

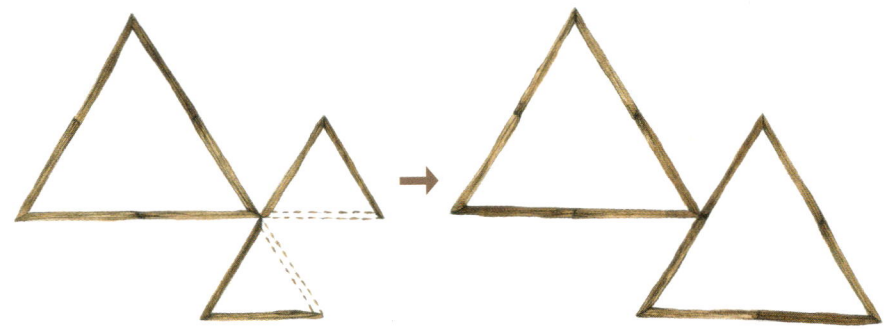

그곳에는 고대 유물로 가득했다. 옥으로 된 커다란 둥근 식탁이 가운데 놓여 있고, 벽에서는 천장으로부터 야광주의 빛을 받은 그림들이 아름답게 빛났다.

"으음, 여긴 접견실인 모양이군."

접견실 안쪽의 벽에는 손잡이가 달린 문이 여러 개 있었다. 칼리스가 손잡이를 당기자 큰 방으로 이어졌다. 방 가운데는 식탁과 의자 두 개가 있었다. 안쪽에는 커다란 침대 두 개가 나란히 놓여 있었다. 왕이 언제든지 와서 쉴 수 있도록 만든 공간이었다.

"왕의 집무실은 어디 있지?"

칼리스가 접견실로 나가며 중얼거렸다. 접견실 한가운데의 문을 밀자 다른 방으로 이어졌다. 칼리스가 찾던 왕의 집무실이었다. 책상 위에는 용이 새겨진 상아 지휘봉과 큰 반지도 있었다. 반지에는 사각형 부분에 글자가 새겨져 있었다.

"이건 왕이 손가락에 끼고 다니면서 옥새로 사용한 반지군."

칼리스가 반지를 가리켰다. 그런데 멀리서 푸른빛이 은은하게 흘러나오는 것이었다.

주철이가 앞장섰다. 입구에는 둥근 대리석 기둥이 서 있었는데, 그리스 신화에 나오는 여러 동물들이 기둥에 새겨져 있었다. 천장에는 춤추는 천사들 사이로 야광주가 한 줄로 박혀 있었다.

주철이가 걸음을 멈추었다. 커다란 대리석 제단 두 개가 앞을 가로막았다. 제단 뒤 벽에는 노란 금속판 두 개가 박혀 있었다. 금으로 된 판이었다. 하나의 판에는 '여기 마케도니아의 왕, 필리포스 잠들다!'라고 새겨져 있었고, 다른 하나에는 '여기 동방 제국의 대왕, 알렉산드로스 잠들다!'라고 새겨져 있었다.

"여기에 필리포스와 알렉산드로스가 묻혔군."

칼리스는 다시 왕의 집무실로 걸음을 옮겼다. 천하의 칼리스라고 해도 무덤만큼은 손댈 수 없었다. 마케도니아 사람들은 필리포스나 알렉산드로스를 신처럼 여기기 때문이었다.

"성주님, 정말 대단하군요. 이런 곳에……."

뒤늦게 들어온 리콜라의 목소리가 놀라움으로 떨렸다.

"딕은 떠났는가?"

칼리스가 옥좌에 앉으며 물었다.

"아니요. 이 애가 나올 때까지 밖에서 기다리겠다고 하더군요."

"그럼, 저 앨 데려다 주면서 딕에게 전하게. 만약 내 일을 또 다시 방해한다면 그땐 용서치 않겠다고."

알렉산드로스의 덫

"그땐 네게 신세를 많이 졌다."

리콜라가 아카데미의 연구실에서 풀려 나게 해 줘서 고맙다고 했다. 그러자 주철이는 리모컨에 대해 얘기를 꺼냈다.

"처음 아카데미에 가던 날 말이에요. 베르네가 파랑, 노랑, 빨강 버튼이 달린……."

"그 이상한 물건 말이냐? 지금은 성주님이 가지고 있는데?"

"그걸 돌려받을 수 있을까요? 부탁드릴게요."

"내가 성주님께 사정해서 아카데미로 가지고 가마."

주철이는 기뻤다. 귀환용 리모컨만 돌려받는다면 언제든 집에 갈 수 있기 때문이다.

"주철아!"

혜지와 홍주가 뛰어왔다. 주철이가 아무 탈 없는 것을 보고 딕이 재촉했다.

"어서 마차에 올라! 출발하자."

주철이는 리콜라를 잠시 바라보다가 마차에 올랐다.

마차는 쉬지 않고 달렸다. 보물이 있는 방에 들어가지 못했던 홍주는 궁금한 게 많았다. 다 찾은 보물을 빼앗긴 것도 내내 아쉬워했다.

"문제는 어떻게 풀었느냐?"

학장은 주철이가 삼각형 문제를 제대로 풀었는지 궁금했다.

"홍주와 칼리스가 말했던 게 답이었어요."

주철이는 작은 삼각형 두 개를 합쳐 큰 삼각형 하나를 만드는 과정을 설명했다. 학장이 고개를 끄덕였다.

"누가 그런 생각을 했겠니? 작은 삼각형만 생각했지."

마차가 멈추었다. 마케도니아의 수도 펠라에 도착한 것이다. 멀리 알렉산드로스가 살았던 궁궐이 우뚝 솟아 있었다. 딕은 식당에서 간단한 식사를 주문했다.

"주철이 네가 우리 모두를 살렸구나. 고맙다."

딕은 보물이 발견되지 않기를 바랐다. 만약 보물이 발견된다면 칼리스는 그 비밀을 지키기 위해 어떤 짓이라도 할 사람이었다. 리콜라가 주철이를 풀어 줬을 때에도 딕은 믿기지 않았다.

마차는 며칠째 쉬지 않고 다시 달렸다. 갈 때와는 달리 돌아올 때는 넓은 길로 달렸다. 마을과 도시가 이어져서, 아이들은 이곳저곳을 기웃거렸다. 딕은 그런 아이들을 흐뭇하게 바라보았다.

마차가 어떤 작은 도시에서 멈추었다. 멀리 언덕의 숲 사이로 신전이 보였다. 홍주가 점심을 먹자마자 구경을 하겠다고 나섰다. 딕이 웃으며 말했다.

"그래, 너 구경시켜 주려고 이곳에 들른 거다. 신전도 볼 만하지만 강도 무척 아름답지."

"정말이에요?"

홍주가 앞장서고 혜지와 콜린이 뒤따랐다.

"보물에 욕심 부리지 말아야 했는데, 미안하구나."

딕이 앞서 걸으며 즐거워하는 아이들을 보며 말했다.

"그래도 보물을 모두 빼앗겨 버렸는데 앞으로……."

"아니다. 우린 이미 많은 보물을 얻었다. 플라톤의 지혜만 있으면 아카데미를 다시 일으켜 세우는 덴 문제가 없어. 그런데 소크라테스와 아리스토텔레스의 지혜까지 얻었잖니."

그때 멀리서 말 두 필이 하얀 먼지를 일으키며 달려왔다. 딕이 칼을 빼 들고 앞으로 나섰다.

"무슨 일로 여기까지 쫓아왔느냐?"

"우린 아카데미까지 갔다가 돌아오는 길입니다. 제발 우리 성주님을 구해 주십시오."

리콜라가 말에서 뛰어내리더니 다짜고짜 무릎을 꿇었다.

"칼리스에게 무슨 일이 생긴 거냐?"

"보물이 있는 방들의 문이 모두 닫혀 버리는 바람에 성주님이 갇혔습니다. 제발 부탁입니다. 주철이를 한 번만 데려가게 해 주십시오."

리콜라가 주철이를 가리켰다.

"그렇겐 할 수 없다! 칼리스는 알렉산

드로스의 덫에 걸린 거야. 마땅히 받아야 할 죗값이다."

"어르신, 성주님은 저희 가족의 은인입니다. 제발……."

"그럼 네가 주철이를 살려 냈으니 은혜를 갚아야 한단 말이냐?"

딕이 리콜라의 말을 잘랐다.

"할아버지! 저 갈게요. 그렇지 않아도 칼리스에게 돌려받아야 할 게 있어요."

주철이가 리모컨을 떠올리며 사정했다.

"칼리스도 할아버지의 부탁을 들어 줬잖아요. 게다가 친구였잖아요?"

홍주도 딕 곁으로 바싹 다가서며 주철이를 거들었다.

"그럼 나와 함께 내 말을 타고 가자."

딕이 말했다.

"저도 가겠어요. 주철이만 보낼 수 없어요."

혜지가 나서자 홍주도 같이 가겠다고 고집 부렸다.

"너희는 아카데미로 가거라."

딕이 혜지와 홍주를 말리자 리콜라가 나섰다.

"저 애들이 꼭 가겠다면, 저희가 태우고 가겠습니다."

"하는 수 없군. 그럼 애들이 다치지 않게 조심해서 말을 몰아라!"

혜지는 딕의 말에 오르고, 주철이와 홍주는 칼리스의 부하들과 함께 말에 탔다.

"니필스, 나흘만 달리면 아카데미에 도착할 수 있을 거야. 말을 조심해서 몰아라!"

딕이 말머리를 돌렸다. 세 필의 말이 하얀 먼지를 일으키며 사라졌다.

주철이는 도착하자마자 곧바로 금속판이 박혀 있는 벽으로 갔다. 홍주와 혜지도 함께 따라왔다. 삼각형 다섯 개가 만들어져 있었다. 그런데도 뒤로 밀려났던 벽에는 틈새 하나 없었다.

"삼각형이 다섯 개로 되어 있는데도 벽은 왜 닫혀 있지?"

주철이가 의아해 하자 홍주가 물었다.

"처음엔 어떻게 생겼었는데?"

"두루마리에 그려진 것처럼 삼각형 여섯 개로 꽂혀 있었어."

"그렇다면 처음부터 다시 시작해야 하는 거 아냐?"

주철이는 또 무슨 일이 벌어지기라도 할까 봐 두려웠다. 혜지가 주철이를 툭 쳤다.

"방법이 없잖아? 홍주 말대로 처음부터 다시 해 봐."

주철이가 동판을 옮겨 삼각형 여섯 개를 만들었다. 아무 일도 일어나지 않았다. 그런데 다시 동판을 옮겨 삼각형 다섯 개를 만들자 우레치는 소리가 나더니 벽이 뒤로 쑥 들어갔다.

리콜라가 가장 먼저 벌어진 벽 사이로 사라졌다. 책이 들어 있는 방에도 무기가 들어 있는 방에도 칼리스는 없었다. 주철이는 망설이지 않고 삼각형 세 개를 만들었다. 보물이 있는 방이었다. 그곳에도 칼리스는 없었다.

"와! 금관이다!"

홍주가 선반에 놓여 있는 금관을 머리에 쓰며 좋아했다.

"안 돼!"

주철이가 소리를 질렀지만 너무 늦었다. "드르르르르르렁 덜컹!" 하고 벽이 움직이는 것이었다.

주철이가 있는 힘껏 입구 쪽으로 뛰었지만 벽은 굳게 닫히고 말았다. 다시 뛰어가 동판으로 삼각형 두 개를 만들었다. 하지만 벽은 열리지 않았다.

"이제 어떡하지?"

혜지가 뛰어왔다. 주철이도 난감했다. 딕과 리콜라가 횃불을 들고 구석구석을 돌아다녔다. 하지만 모두가 단단한 대리석 벽뿐이었다.

"손대면 재앙이 따른다고 했잖아!"

혜지가 홍주를 책망하자, 홍주는 겁에 질려 얼버무렸다.

"여길 안 왔으면 이런 일은 없었을 텐데……."

"그걸 말이라고 해! 너도 보물이 보고 싶다며 가자고 했잖아!"

혜지의 말에 홍주가 눈물을 글썽였다.

주철이는 벽 가까이에 횃불을 대고 꼼꼼하게 살펴봤다. 하지만 횃불은 흔들리지 않았다. 틈이 없는 것이었다.

"이거 왜 이러지? 횃불이 꺼지고 있잖아!"

주철이가 소리쳤다. 모든 횃불들이 깜박거렸다.

"빨리 불을 꺼! 산소가 없어지는 거야!"

홍주가 소리쳤다.

"산소가 없어지다니? 칼리스와 문제를 풀 땐 아무 문제가 없잖느냐?"

딕이 말했다.

"그땐 벽이 열려 있었으니까 괜찮았죠."

혜지가 콜록거리며 숨을 몰아쉬다가 바닥에 픽 쓰러졌다.

"어서 일어나! 서서 버텨야 해!"

홍주가 혜지를 일으켜 세웠다.

"괜찮아?"

주철이가 뛰어와 물었다.

"힘들지만 견딜 만해."

혜지는 갑자기 아빠가 원망스러웠다.

'왜 이런 곳에 보내려고 했을까. 여기서 죽게 된다면 어떻게 될까.'

혜지는 홍주한테 가장 미안했다. 홍주만 데리고 오지 않았어도 좋았을 텐데 말이다. 혜지는 자신도 모르게 흐르는 눈물을 손으로 닦아 냈다.

"어딘가 단서가 있을 게다! 플라톤과 아리스토텔레스가 남긴 말 중에 생각나는 거 없느냐?"

딕이 주철이에게 물었다.

"지혜…… 지혜로운 자를 아낀다고 했어요."

홍주가 말했다.

"맞아, 지혜야! 지혜를 베풀라고 했어!"

갑자기 주철이가 동판이 박혀 있는 벽쪽으로 뛰어갔다. 칼리스가 분명히 말했다. 고대 그리스 글자로 '지혜를 베풀라'고 쓰여 있다고. 동판 위에는 네 개의 야광주가 빛을 뿜고 있었다.

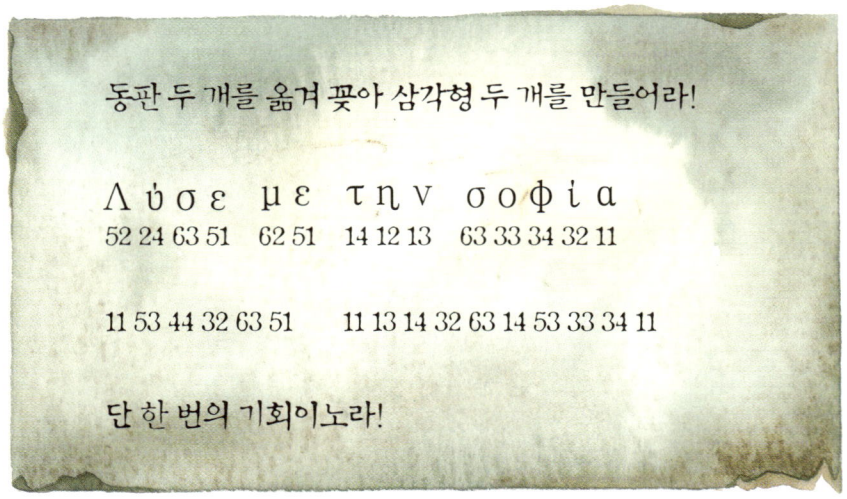

"할아버지, 저 글자가 고대 그리스 글자……?"

"오, 그래! '리세 메 띤 소피아' 즉, '지혜를 베풀라.'고 쓰여 있다."

"그럼 저 숫자들은 뭐지?"

혜지가 물었다.

"암호야, 암호! 두 자리 숫자와 글자 수가 같은 것을 보면 글자에 숫자 암호를 붙인 게 분명해."

"맞아! '지혜를 베풀라.' 는 글귀 아래에 있는 것은 해독을 위해 써 놓은 숫자고, 그 아래 숫자들이 해독해야 할 암호란 거지?"

홍주의 말을 듣고 혜지의 얼굴이 밝아졌다.

"그래, '지혜를 베풀라.' 의 숫자를 보고 해독 체계를 만들어야겠어. 그런데 어쩌지? 그리스 글자를 알아야 하는데."

홍주가 걱정을 했다.

"그리스의 알파벳은 24자로 되어 있다. 알파부터 오메가까지."

"처음부터 끝까지 써 보세요."

딕이 그리스의 알파벳을 썼다. 혜지가 읽는 것을 받아 적었다.

"됐어! 이젠 글자들을 어떻게 배열했는지 봐야겠어."

홍주는 신바람이 났다.

"시그마는 63으로 되어 있는데?"

혜지의 말을 듣고 홍주가 말을 이었다.

"십의 자리 숫자 중에 가장 큰 수는 6이고, 일의 자리는 4잖

십의 자리 \ 일의 자리	1	2	3	4	5	6
1	A α 알파	B β 베타	Γ γ 감마	Δ δ 델타	E ε 엡실론	Z ζ 제타
2	H η 에타	Θ θ 쎄타	I ι 이오타	K κ 카파	Λ λ 람다	M μ 뮤
3	N ν 뉴	Ξ ξ 크사이	O o 오미크론	Π π 파이	P ρ 로	Σ σ 시그마
4	T τ 타우	Υ υ 옵실론	Φ φ 화이	X χ 카이	Ψ ψ 프사이	Ω ω 오메가

아. 여섯 자씩 네 줄로 배열했을 거야."

홍주가 딕이 써 놓은 알파벳으로 암호 해독 체계를 만들었다.

"십의 자리는 가로줄이고 일의 자리는 세로줄. 그래서 α(알파)는 11, β(베타)는 21이란 말이지?"

"그래. 그러니까 시그마는 63으로 되어 있지. 숫자를 불러 봐!"

주철이가 금속판에 적힌 숫자 11, 53, 44…… 등을 차례대로 불렀다. 그러자 딕이 그리스 알파벳으로 바꿔 적었다.

Ἀρχισε αντιστροφα

"'알히세 안디스트로파'는 즉, '거꾸로 시작하라'가 무슨 뜻이지?"

딕이 물었다.

"삼각형 두 개부터 여섯 개를 거꾸로 만들어 봐! 순서에 맞게."

홍주의 말에 따라, 주철이가 삼각형을 두 개부터 만들었다. 그때 "드르르르르렁 덜컹." 하고 다시 문이 열렸다. 리콜라가 가장 먼저 왕의 접견실로 뛰어들었다.

"성주님! 성주님, 정신 차리세요!"

칼리스는 쓰러진 채 꿈쩍도 하지 않았다. 리콜라가 칼리스를 들쳐 업었다.

"빨리 나가자. 벽이 닫히면 큰일이다."

딕이 앞장서 나가고 모두 그 뒤를 따라 나왔지만, 주철이는 뒤늦게야 나왔다.

"뭐했어! 왜 이제 나오는 거야?"

밖에서 기다리던 혜지가 물었다. 딕과 홍주도 주철이를 기다리고 있었다.

"이걸 찾느라고."

주철이가 두루마리와 책을 내려놓고 동판 한 개를 빼 들었다.

"그걸 왜 뽑는 거야?"

홍주가 물었다.

"사람들이 다시는 못 들어가게 하려고."

"잘 생각했다. 소문나면 보물에 눈이 어두운 사람들이 서로 차지하려고 아우성일 거야."

"이 동판은 할아버지가 가지고 계세요."

"그렇게 하마."

벽이 '쿵' 소리를 내며 움직이더니 좀전처럼 닫혔다. 모두 계단을 따라 올라왔다.

"숙부님, 괜찮습니까?"

학장과 콜린이 달려왔다.

"염려 마라. 돌아와 줘서 고맙다."

리콜라가 다가오며 말했다.

"성주님이 기다리고 있습니다."

딕이 마차 앞으로 갔다. 칼리스가 마차에 누워 있다가 부하의 부축을 받고 겨우 자리에 앉았다.

"딕, 고맙네. 자네한테 또 신세를 졌구먼. 아카데미를 어……."

"아직도 정신을 못 차렸군! 아카데민 절대 안 팔아!"

딕이 휙 돌아섰다.

"그곳에 갇혔을 때 신께 맹세했다네. 다시는 아카데미나 보물에 욕심 부리지 않겠다고."

딕이 뒤돌아보자 칼리스가 말을 이었다.

"자네에게 부탁을 하나 해도 되겠나?"

"말해 보게."

칼리스는 편안해 보였다.

"헤로스에 있는 학당을 자네가 맡아 주게."

딕은 오랫동안 칼리스를 바라볼 뿐 말이 없었다.

"플라톤은 지혜로운 자가 아카데미의 주인이라고 했어. 자네가 학당을 맡았다가 지혜로운 자가 나타나면 넘겨주게."

"자네가 원한다면 그렇게 하겠네."

그러자 칼리스가 흐뭇한 표정으로 물었다.

"보물도 아카데미의 새 주인에게 넘길 건가?"

"보물의 주인은 어느 누구도 아닌 마케도니아 사람들이어야 하네. 이 열쇠는 마케도니아 왕에게 내가 직접 전할걸세."

딕이 동판을 꺼내 보이며 단호하게 말했다.

"잘 생각했네. 플라톤도 기뻐할걸세."

칼리스의 핼쑥한 얼굴이 조금 밝아졌다.

리콜라가 주철이에게 귀환용 리모컨을 내밀었다.

"네가 찾는 게 이거냐?"

"예, 맞아요! 아저씨, 고맙습니다."

칼리스가 말을 마치자 마차는 천천히 움직이기 시작했다.

다시 연구실로

"뭐야, 이게! 왜 이래?"

홍주가 손바닥을 보며 소리쳤다. 혜지와 주철이도 손바닥을 펴 보았다.

「시공의 문이 열린다. 준비하라!」

손바닥에 메시지가 나타났다가 사라졌다.

주철이가 딕에게 다가갔다.

"할아버지, 우리는 이제 돌아갈 때가 됐어요. 그동안······."

"안 돼! 넌 우리 아카데미를 맡아 줘야 해! 플라톤도 말했지 않느냐. 지혜로운 자가 아카데미의 주인이라고."

딕이 주철이의 말을 끊으며 버럭 화를 냈다.

"우리도 어쩔 수 없어요. 이젠 떠나야 해요."

혜지가 사람들에게 TMT를 타고 여기까지 오게 된 사실을 설명했다. 모든 사람들은 믿을 수 없다는 표정을 지었다. 가만히 듣고만 있던 홍주가 나섰다.

"너희들은 먼저 가! 난 더 구경하고 갈 테니."

"그럴 수 있다면 그렇게 해라. 홍주는 내가 그리스에 있는 모든 신전을 다 구경시켜 줄 테니."

딕의 얼굴이 밝아졌다.

"그건 불가능해요. 시간이 되면 우린 돌아갈 수밖에 없어요."

혜지의 말에 학장이 다가와 주철이의 손을 잡았다.

"주철아, 너에게 많은 것을 배웠다. 어렵고 힘든 문제라도 끈질기게 풀어내는 널 보고, 이젠 어려움이 닥쳐도 해낼 수 있다는 자신감이 생겼다. 다시 오지 않겠니?"

"올 수 있다면 또 올게요."

주철이가 대답하자 딕도 고개를 끄덕였다.

콜린이 혜지에게 눈인사를 보내며 홍주와 주철이의 손을 잡았다.

"다음에 꼭 다시 와. 이제부턴 나도 열심히 할 거니까."

「시공의 문이 닫힌다.」

또다시 세 아이의 손바닥에 메시지가 나타났다가 사라졌다. 그러자 셋은 정신이 아득하고 몽롱해지는 것을 느꼈다.

세 아이의 몸이 깃털처럼 가벼워져 붉은 터널 속으로 빨려들어 갔다. 멀리 그리스 신전이 보이는 듯하더니, 높은 산과 바다가 보였다.

주철이는 몸이 어디론가 빠르게 쓸려가는 느낌이 들었다.

"주철아! 주철이가 움직여요!"

주철이 귓전에 엄마의 목소리가 아스라이 들렸다. 정신을 차린 주철이가 TMT 탑승용 의자에서 일어섰다.

"주철아, 괜찮아? 몸은 어때?"

주철이의 엄마가 달려들어 주철이의 두 뺨을 어루만지며 빤히 쳐다보다가 덥석 안았다.

"어어. 엄마, 왜 이래?"

주철이가 엄마 품에서 얼른 빠져나왔다.

혜지 아빠가 다가오며 말했다.

"주철아, 이번 여행 무척 힘들었지?"

"아뇨. 무지 좋았어요."

"좋았다고?"

"네. 처음엔 산속을 헤매느라 조금 힘들었지만, 홍주와 혜지를 만난 뒤부터는 재미있었어요."

혜지가 두 사람의 대화에 끼어들었다.

"주철인 정신없이 잠만 잤다는 걸 전혀 모르고 있어요."

주철이 엄마가 환하게 웃으며 혜지 엄마의 손을 꼭 잡으며 말했다.

"고마워요. 병원에서 이곳으로 옮길 때만 해도 사실 믿질 않았어요. 그런데 이렇게 멀쩡하게 깨어나다니요."

"아니에요, 주철이 어머님. 마음고생이 무척 심했다는 거 잘 알고 있어요. 앞으론 이런 실순 없을 거예요."

"저도 다음에 꼭 같이 가게 해 주세요. 할아버지가 크고 잘 생긴 말도 주시고, 그리스 신전을 모두 구경시켜 주겠다고 하셨는데……. 여행이 너무 짧았어요!"

홍주가 엄마 손을 꼭 쥐고 말했다.

"뭐야? 열한 시간이나 했는데 뭐, 짧았다고?"

홍주의 엄마가 어이없다는 표정을 지으며 홍주를 나무랐다.

"네? 한 달이 넘는 여행이었는데 열한 시간밖에 안 걸렸단 말예요?"

놀라는 홍주에게 혜지의 아빠가 설명했다.

"혜지와 네가 떠난 다음 조심스럽게 압축해 가는데, 주철이 위치가 확인되더구나. 그래서 바로 압축했지. 원래 한 시간이면 충분할 여행이었어."

"세상에, 한 시간이면 충분하다니! 그런 여행이라면 전 날마다 다닐 거예요!"

홍주의 말에 모두가 환하게 웃었다. 정말 오랜만에 맘껏 웃어댔다. 연구실 안으로 햇살이 환하게 비추고 있었다.

플라톤의 생애와 업적

플라톤은 기원전 427년 아테네의 귀족 출신 집안에서 태어났습니다. 플라톤은 20세에 소크라테스의 제자가 되었는데, 스승인 소크라테스는 억울하게 죽습니다.

스승이 죽자 플라톤은, 여행길에 올라 10년 동안 이탈리아 남부에 남아 있는 피타고라스 학파와 교분을 갖습니다. 그곳에서 수학이 인간을 진리의 길로 이끌고 철학 정신을 창조하는 학문임을 깨닫고, 지혜를 사랑하는 사람이 나라를 통치해야 된다는 이상국가론을 주장합니다.

플라톤은 "국가를 통치할 사람은 10년 이상 수학을 공부해야 한다."고 주장했답니다. 또 플라톤은 눈금 없는 자와 컴퍼스만으로 도형을 그리도록 했습니다. 그 이유는 자와 컴퍼스 외의 것을 사용하면 수학에서 얻을 수 있는 논리적인 사고와 진리에 대한 사랑을 얻을 수 없기 때문입니다. 그래서 자신이 세운 아카데미의 정문에 '기하학을 모르는 자 들어서지 마라!' 는 글을 써 놓았다고 합니다.

플라톤은 그곳에서 자신이 가장 사랑했던 제자 아리스토텔레스를 만나 30년을 함께합니다. 아리스토텔레스는 마케도니아의 왕 필리포스의 초청을 받고 왕자 알렉산드로스의 스승이 됩니다. 아리스토텔레스는 필리포스 왕이 죽고, 알렉산드로스가 정복의 길에 나서자 그리스로 돌아와 리케이온에 학당을 세워 제자들을 가르쳤습니다.

플라톤은 80세의 나이로 생을 마칠 때까지 36권의 저서를 남겼으며 소크라테스, 플라톤, 아리스토텔레스로 이어지는 고대 그리스의 3대 철학자의 업적은 오늘날에도 많은 가르침과 영향을 주고 있습니다.